AF306329

GRAMMAIRE

DES COMMENCANTS;

OU

MANUEL GRAMMATICAL

DE L'ENFANCE.

DE L'IMPRIMERIE DE J. GRATIOT,

GRAMMAIRE
DES COMMENÇANTS;

OU

MANUEL GRAMMATICAL

DE L'ENFANCE,

COMPRENANT la connoissance des diverses espèces de mots employés dans la langue françoise, la concordance de ces mots dans la phrase, un traité d'orthographe, et une méthode d'analyse grammaticale; par demandes et par réponses :

PAR CHARLES-CONSTANT LETELLIER.

A PARIS,

Chez
LE PRIEUR, Libraire, rue des Mathurins-St.-Jacques, Hôtel de Cluny.
BELIN-LE-PRIEUR, Libraire, quai des Augustins, n°. 55.
L'Auteur, Boulevart St.-Antoine, n°. 71.

1816.

GRAMMAIRE
DES COMMENÇANTS;
OU
MANUEL GRAMMATICAL
DE L'ENFANCE.

D. *Qu'est-ce que la Grammaire?*

R. La *Grammaire* est l'art de parler et d'écrire correctement.

D. Qu'est-ce que *parler* et *écrire?*

R. C'est exprimer sa pensée par des mots.

D. Qu'appelle-t-on mots?

R. On appelle *mots* des sons prononcés par la bouche, ou des caractères tracés par la main. Les mots sont composés de *lettres*.

D. Combien notre alphabet comprend-il de lettres?

R. Il comprend vingt-cinq lettres, qui se divisent en voyelles et en consonnes.

D. Que nommez-vous voyelles ?

R. Ce sont les lettres qui forment seules une *voix*, un son. Nous en avons six ; savoir : *a*, *e*, *i*, *o*, *u* et *y*.

D. Et qu'appelle-t-on *consonnes* ?

R. Ce sont les lettres qui ne se prononcent point seules, et ne forment un son qu'avec le secours des voyelles. Il y en a dix-neuf, qui sont *b*, *c*, *d*, *f*, *g*, *h*, *j*, *k*, *l*, *m*, *n*, *p*, *q*, *r*, *s*, *t*, *v*, *x*, *z*.

D. Comment se divisent les voyelles ?

R. Elles se divisent en longues et en brèves. Les voyelles *longues* sont celles sur lesquelles on appuie davantage en les prononçant ; et les voyelles *brèves* sont celles sur lesquelles on appuie moins.

D. Faites-nous sentir cette différence de prononciation par des exemples.

R. *A* est long dans *pâte*, pour faire du pain, et il est bref dans *frégate*.

E est long dans *fête*, et bref dans *diète*.

I est long dans *gîte*, et bref dans *visite*.

O est long dans *côte*, et bref dans *pelote*.

U est long dans *flûte*, et bref dans *brute*.

(7)

D. Combien distingue-t-on de sortes d'*e* ?

R. On distingue trois sortes d'*e*, savoir, l'*e* muet, l'*é* fermé, et l'*è* ouvert.

D. Faites-nous connoître chacun de ces *e*.

R. L'*e* muet est celui qui n'a qu'un son sourd et peu sensible, comme à la fin de ces mots, *vase*, *rose*, etc.

L'*é* fermé est celui qui se prononce, la bouche presque fermée, comme dans ces mots, *été*, *vérité*, etc.

L'*è* ouvert est celui qu'on prononce, en ouvrant la bouche et en desserrant les dents, comme dans *succès*, *accès*, *procès*, etc. Ce *e* peut être plus ou moins ouvert.

D. Peut-on faire connoître, dans l'écriture, ces différentes sortes d'*e*, et les voyelles longues ?

R. Oui ; et l'on emploie pour cet usage trois petits signes que l'on nomme *accents*. Ce sont l'accent *aigu* (′) qui se met sur les *é* fermés, comme dans *café*, *sincérité*, etc.; l'accent *grave* (`) qui se met sur les *è* ouverts, *abcès*, *père*, etc. ; et l'accent *circon-flexe* (̂) qui se met sur la plupart des

voyelles longues, *grâce*, *hêtre*, *épître*, *apô-*
tre, *embûche*. L'accent *aigu* va de droite à
gauche ; l'accent *grave* de gauche à droite ;
l'accent *circonflexe* se forme de la réunion
des deux autres, et a la figure d'un *v* ren-
versé.

D. Que remarquez-vous sur l'*y* grec ?

R. L'*y* grec s'emploie le plus souvent
pour deux *i*, comme dans *pays*, *moyen*,
joyau, qu'on prononce comme *pai-is*, *moi-*
ien, *joi-iau*. Mais l'*y* grec n'a que la valeur
de l'*i* simple, lorsqu'il se trouve entre deux
consonnes, comme dans ces mots d'origine
grecque, *système*, *abyme*, *étymologie*, *hy-*
pocrisie, prononcez *sistème*, *abîme*, *étimo-*
logie, *hipocrisie*, etc.

D. Que remarquez-vous sur la lettre *h* ?

R. La lettre *h* est muette ou aspirée.

Elle est *muette*, lorsqu'elle ne se fait
point sentir dans la prononciation, comme
en ces mots : *l'hommage*, *l'histoire*, qu'on
prononce comme s'il y avoit *l'ommage*,
l'istoire (sans *h*).

Elle est *aspirée*, lorsqu'elle fait pronon-

(9)

cer du gosier la voyelle qui .suit, comme
dans ces mots : le *hameau*, le *héros*, la *ha-
rangue*, etc., qu'on écrit et qu'on prononce
séparément. Les mots qui commencent par
une *h aspirée* se prononcent au pluriel sans
aucune liaison avec la consonne finale du
mot précédent. Ainsi, dites : *lé-héros*, et
non point les *zhéros*.

D. Qu'est-ce qu'une syllabe?

R. On appelle *syllabe* une ou plusieurs
lettres qui forment un son, et se prononcent par une seule émission de voix : *but*,
traits, sont des mots d'une syllabe. Dans le
mot *ame*, *a* fait une syllabe, et *me* en fait
une autre. Les mots qui ne sont que d'une
syllabe, s'appellent *monosyllabes*.

D. Combien la langue françoise emploie-
t-elle de sortes de mots?

R. La langue françoise emploie dix sortes
de mots, que l'on appelle les *parties du discours*. Ce sont : le substantif, l'article, l'adjectif, le pronom, le verbe, le participe,
l'adverbe, la préposition, la conjonction et
l'interjection.

5

CHAPITRE PREMIER.

LE SUBSTANTIF.

D. Qu'est-ce que le substantif?

R. Le *substantif*, ou *nom*, est un mot dont on se sert pour désigner une personne ou une chose.

D. Combien distingue-t-on de sortes de substantifs?

R. On distingue deux sortes de substantifs ou noms, savoir, le nom commun et le nom propre.

Le nom *commun*, ou *appellatif*, est celui qui convient à toute une espèce. *Homme, fleuve, ville*, sont des noms *communs*.

Le nom *propre* est celui qui ne convient qu'à un *individu. Alexandre, Julie, Seine, Paris*, etc., sont des noms *propres*.

D. Que faut-il considérer dans les substantifs?

R. Il faut y considérer le genre et le nombre.

D. Combien y a-t-il de genres?

R. Il y a deux genres, le masculin et le féminin. Les noms d'hommes et de mâles sont du genre masculin, comme un *soldat*, un *cheval.* Les noms de femmes et de femelles sont du genre féminin, comme une *nourrice*, une *génisse*, etc. ; puis, par imitation, on a donné le genre masculin et le genre féminin à des choses qui ne sont ni mâles ni femelles, comme un *arbre*, une *table*, etc.

D. Que désignent les nombres?

R. Les nombres désignent ou l'unité ou la pluralité des objets. De là, deux nombres, le *singulier*, qui indique un seul objet, comme le *père*, un *arbre*, etc. ; et le *pluriel*, qui marque plusieurs objets, comme les *pères*, des *arbres*, etc.

D. Les substantifs s'écrivent-ils au pluriel comme au singulier?

R. Non. Pour marquer qu'un substantif est au pluriel, on ajoute une *s* à la fin. Exemples : le *père*, les *pères*; le *bain*, les bains ; la *mère*, les *mères* ; la *danse*, les *danses*, etc.

D. Quelles sont les exceptions à cette règle ?

R. Les voici :

Première exception. Les substantifs qui se terminent au singulier par *s*, *x* ou *z*, n'ajoutent rien au pluriel. Exemples : la *souris*, les *souris* ; la *perdrix*, les *perdrix* ; la *noix*, les *noix* ; le *riz*, les *riz* ; le *nez*, les *nez*.

Deuxième exception. Les substantifs qui se terminent au singulier par *au*, *eu*, *ou*, prennent *x* au pluriel : l'*oiseau*, les *oiseaux* ; le *jeu*, les *jeux* ; le *genou*, les *genoux*, etc. ; (mais *clou*, *sou*, *trou*, *matou*, *bijou*, *filou*, *cou*, font au pluriel *clous*, *sous*, *trous*, *matous*, *bijous*, *filous*, *cous*, avec une *s*).

Troisième exception. La plupart des substantifs terminés au singulier par *al*, *ail*, forment leur pluriel en *aux* : le *mal*, les *maux* ; le *canal*, les *canaux* ; le *travail*, les *travaux* ; le *corail*, les *coraux*, etc. ; (mais *bal*, *régal*, font au pluriel *bals*, *régals* ; *détail*, *éventail*, *portail*, *gouvernail*, camail, épouvantail, font au pluriel *détails*, *éventails*, *portails*, *gouvernails*, *camails*, *épouvantails*). *Ail* (légume) fait *aulx*; *aïeul*, *ciel*, *œil*, font *aïeux*, *cieux*, *yeux*; mais *ciel de lit* fait au pluriel *ciels de lit*; *œil de bœuf* (petite lucarne) fait *œils de bœuf*.

Quatrième exception. Les noms propres ne prennent point la marque du pluriel. Ecrivez: *les deux* Corneille *sont nés à Rouen.* Et quand ces noms ne sont plus employés pour désigner des individus d'une même famille, mais des personnes qui ressemblent à quelque homme célèbre par leurs talents, leur gloire, leurs vertus, ils deviennent alors des noms communs, et prennent la marque du pluriel. Ainsi, vous devez écrire: *tous les siècles ne produisent pas des* Corneilles.

Cinquième exception. Plusieurs noms pris du latin ne reçoivent point la marque du pluriel. On écrit sans *s* des *duo*, des *alibi*, des *opéra*, des *alinéa*, des *quiproquo*, des *zéro*, des *accessit*, etc.

~~~~~~

CHAPITRE II.

L'ARTICLE.

D. Qu'est-ce que l'article ?

R. L'*article* est un petit mot qui se met devant les noms *appellatifs*, et en détermine la signification.

Les articles sont *le*, *la*, *les*. L'article *le* se met devant les noms communs masculins singuliers : *le* père, *le* rosier ; l'article *la* se met devant les noms féminins singuliers : *la* mère, *la* rose, etc.

L'article *les* se met devant tous les noms pluriels, soit masculins, soit féminins : *les* pères, *les* mères, *les* rosiers, *les* roses. Ces trois articles *le*, *la*, *les*, s'appellent articles *simples*.

D. Avons-nous des articles *composés* ?

R. On donne le nom d'articles *composés* à de petits mots formés d'un article simple et de l'une des deux prépositions *de* ou *à*. Ainsi, on dit *du* pour *de le*, devant un
~~~~~~

(15)

nom masculin singulier qui commence par une consonne, *la maison* du *prince*. On dit *des* pour *de les* devant tous les noms pluriels : *la maison* des *princes*, des *princesses*, *le corps* des *officiers*, etc. De même, on dit *au* pour *à le* devant un nom masculin singulier qui commence par une consonne : *j'ai parlé* au *prince*; on dit *aux* pour *à les* devant tous les noms pluriels : *j'ai parlé* aux *princes*, aux *princesses*, etc. *Du, des, au, aux*, sont des articles *composés*.

D. Que remarquez-vous encore sur l'article?

R. On doit remarquer que l'on retranche *e* dans l'article *le*, et *a* dans l'article *la*, devant un mot qui commence par une voyelle ou une *h* muette. Ainsi, on dit *l'ami* pour *le ami*; *l'horloge* pour *la horloge*; mais alors on met, à la place de la lettre retranchée, cette petite figure (') que l'on appelle une *apostrophe*.

CHAPITRE III.

L'ADJECTIF.

D. Qu'est-ce que l'adjectif?

R. L'*adjectif* est un mot qui donne une qualification au substantif ; il marque la qualité ou la manière d'être de la personne ou de la chose; quand je dis : *bon* père , *beau* temps , *bon* et *beau* sont des adjectifs qui qualifient les substantifs *père* et *temps*.

D. Les adjectifs sont-ils susceptibles des deux genres ?

R. Oui. Les adjectifs prennent les deux genres , le *masculin* et le *féminin*.

D. Comment se forme le féminin dans les adjectifs ?

R. *Règle générale*. Quand un adjectif ne finit point par un *e* muet , on y ajoute un *e* muet , pour former le féminin : *savant , savante ; plein , pleine ; nu , nue ; vert , verte ,* etc.

D. Quelles sont les exceptions à cette règle?

R. Les voici :

Première exception. Les adjectifs *blanc, franc, sec,* font au féminin *blanche, franche, sèche; public, caduc, turc,* font *publique, caduque, turque; grec* fait *grecque.*

Deuxième exception. Les adjectifs terminés en *f* font leur féminin en *ve.* Exemples : *bref, brève; vif, vive; neuf, neuve,* etc.

Long fait *longue; favori* fait *favorite.*

Troisième exception. Un grand nombre d'adjectifs doublent au féminin leur dernière consonne, en prenant un *e* muet. Ainsi, *cruel, solennel, vermeil, bon, ancien, épais, gros, muet,* etc., font au féminin *cruelle, solennelle, vermeille, bonne, ancienne, épaisse, grosse, muette,* etc. Mais *discret, secret, inquiet, complet,* font *discrète, secrète, inquiète, complète.* Les adjectifs en *al* ne doublent pas *l* au féminin : *la gloire* nationale; *la règle* générale... *Civil, subtil, vil, viril, bissextil,* font au féminin *civile, subtile, vile, virile, bis-sextile... Fidelle* et *tranquille* s'écrivent avec deux *l* au masculin et au féminin.

Quatrième exception. Malin, *bénin*, font *maligne*, *bénigne.*

Cinquième exception. Les adjectifs en *eur* font ordinairement leur féminin en *euse:* *trompeur, trompeuse ; flatteur, flatteuse ; menteur, menteuse.* Mais les adjectifs qui expriment une comparaison, font leur fé-minin en ajoutant *e : meilleur, meilleure ; supérieur, supérieure,* etc.

Sixième exception. Les adjectifs terminés en *x* changent *x* en *se : dangereux, dange-reuse ; honteux, honteuse ; jaloux, jalou-se,* etc. Cependant *doux* fait *douce ; roux* fait *rousse ; faux* fait *fausse.*

D. Les adjectifs prennent-ils aussi les deux nombres ?

R. Oui. Les adjectifs prennent les deux nombres, le *singulier* et le *pluriel.*

D. Comment se forme le pluriel dans les adjectifs ?

R. Règle. Le pluriel, dans les adjectifs,

(19)

se forme comme dans les substantifs, en ajoutant *s* à la fin. *Vrai, vraie*, au pluriel *vrais, vraies; obligeant, obligeante*, au pluriel *obligeants, obligeantes*.

D. Y a-t-il quelques exceptions à cette règle ?

R. Oui. Les adjectifs dont le masculin se termine en *au* et en *ou*, prennent *x* au pluriel ; *beau, beaux; fou, foux*; mais *bleu* fait au pluriel *bleus* : des yeux *bleus*.

Les adjectifs terminés en *al* font leur pluriel en *aux* : *égal, égaux; national, nationaux*. Mais un grand nombre d'adjectifs qui finissent en *al* n'ont point de pluriel masculin, comme *filial, fatal, frugal, pascal, pastoral, naval, trivial, vénal, littéral, conjugal, austral, boréal, final*.....

Des différentes sortes d'adjectifs.

D. Quelles sont les différentes sortes d'adjectifs ?

R. Il y en a un très-grand nombre : nous distinguons particulièrement les adjectifs *possessifs*, les adjectifs *démonstratifs*, et les adjectifs *numéraux*.

Adjectifs possessifs.

D. Qu'appelez-vous adjectifs possessifs ?

R. Les adjectifs *possessifs* sont ceux qui servent à exprimer la possession de la chose dont on parle, comme *mon* couteau, *votre* cuiller, *sa* fourchette, etc.

SINGULIER.		PLURIEL.
Masculin.	Féminin.	Des deux Genres.
Mon.	Ma.	Mes.
Ton.	Ta.	Tes.
Son.	Sa.	Ses.
Notre.	Notre.	Nos.
Votre.	Votre.	Vos.
Leur.	Leur.	Leurs.

D. Que remarquez-vous sur les adjectifs possessifs *mon*, *ton*, *son* ?

R. *Mon*, *ton*, *son*, s'emploient au féminin, devant une voyelle ou une *h* muette : on dit *mon* ame pour *ma* ame, *ton* humeur pour *ta* humeur, *son* épée pour *sa* épée.

Adjectifs démonstratifs.

D. Qu'est-ce que les adjectifs démonstratifs ?

R. Les adjectifs *démonstratifs* sont ceux qui servent à montrer la chose dont on parle, comme quand je dis : *ce* sac , *cette* boîte , je montre un *sac* , une *boîte* , etc.

SINGULIER.		PLURIEL.
Masculin.	*Féminin.*	*Des deux Genres.*
Ce , cet.	Cette.	Ces.

D. Que remarquez-vous sur l'adjectif *ce* ?

R. On met *ce* devant les substantifs qui commencent par une consonne ou une *h* aspirée : *ce* magistrat , *ce* héros.

Adjectifs numéraux.

D. Qu'appelle-t-on adjectifs numéraux ?

R. Les adjectifs *numéraux* sont ceux qui indiquent des rapports aux nombres.

Il y en a de deux sortes : les adjectifs de nombre *cardinal* et les adjectifs de nombre *ordinal*.

Les adjectifs de nombre *cardinal*, sont *un, deux , trois , quatre , cinq , six , sept , huit , neuf , dix , onze , douze , treize , quatorze , quinze, seize, dix-sept , dix-huit , dix-neuf, vingt, trente, quarante, cinquante, soixan-te, quatre-vingt, cent, mille;* etc.

Les adjectifs de nombre *ordinal* se forment des cardinaux, ce sont : *premier, se-cond, troisième, quatrième, cinquième, sixième, septième, huitième, neuvième, dixième,* etc.

Degrés de signification dans les adjectifs.

D. Combien distinguez-vous de degrés de signification dans les adjectifs?

R. Il y a trois degrés de signification dans les adjectifs, savoir : le *positif,* le *comparatif* et le *superlatif.*

Le *positif* est l'adjectif marquant simplement la qualité, comme *le soleil est* brillant; *la vie est* courte.

Le *comparatif* est l'adjectif exprimant la qualité avec comparaison. Quand on compare un objet avec un autre, il peut en résulter un rapport de *supériorité,* un rapport d'*infériorité,* ou un rapport d'*égalité,* ce qui forme trois sortes de *comparatifs.*

Le comparatif de *supériorité* se marque en

(23)

mettant *plus* devant l'adjectif , et la conjonction *que* après : *mon jardin est* plus
grand que *le vôtre.*

Le comparatif *d'infériorité* se marque en
mettant les adverbes *moins* , *pas si* devant
l'adjectif , et la conjonction *que* après : *votre jardin est* moins *grand* , n'est pas si
grand que *le mien.*

Le comparatif d'*égalité* se marque par les
adverbes *autant* , *aussi* et la conjonction
que. Exemple : *votre Jardin est* aussi *grand*
que *le mien.*

D. Avons-nous des adjectifs qui expriment seuls une comparaison ?

R. Nous avons trois comparatifs qui
s'expriment en un seul mot : *meilleur* au
lieu de *plus bon* , qui ne se dit point ;
moindre , au lieu de *plus petit* ; *pire* , au
lieu de *plus mauvais.* Exemples : *la vertu est*
meilleure *que la science* ; *vos peines sont*
moindres *que les miennes* ; *le remède est*
pire *que le mal..*

D. Qu'est-ce que le superlatif?

R. C'est l'adjectif exprimant la qualité portée au suprême degré.

Il y a deux sortes de superlatifs, 1°. le superlatif *absolu,* qui se forme avec le mot *très,* ou avec *fort, extrêmement ;* et, quand il y a admiration, avec *bien.* Exemples : *cet enfant est* très-docile *; cet enfant est* fort aimable *; voilà un enfant* bien *raisonnable !*

2°. Le superlatif *relatif* qui marque un rapport à d'autres objets, et s'exprime en mettant devant le comparatif les articles *le, la, les.* Exemple : *le paon est* le plus *beau des oiseaux.*

Accord des Adjectifs avec les Substantifs.

D. Comment l'adjectif s'accorde-t-il avec le substantif ?

R. Ire. règle. Tout adjectif doit être du même genre et du même nombre que le substantif auquel il se rapporte.

EXEMPLES.

Le soulier blanc.	*Les souliers blancs.*
La belle robe.	*Les belles robes.*

D. De quel nombre doit être l'adjectif qui

(25)

ıe rapporte à deux substantifs singuliers ?

R. IIe. règle. L'adjectif qui se rapporte
ı deux substantifs singuliers, doit se mettre
ıu pluriel, parce que deux singuliers font
ın pluriel.

EXEMPLE :

*Le roi et le berger sont égaux après la
mort.*

D. Si les deux substantifs sont de différent genre, de quel genre devra être l'adjectif ?

R. IIIe. règle. L'adjectif qui se rapporte
à deux substantifs de différent genre, doit
se mettre au masculin pluriel.

EXEMPLES :

*Le frère et la sœur sont également bons.
Le vice et la vertu sont opposés.
J'ai retrouvé mon père et ma mère mal-
heureux.*

CHAPITRE IV.

LE PRONOM.

D. Qu'est-ce que le pronom?

R. Le *pronom* est un mot qui tient la place du nom. On divise les pronoms en *personnels, possessifs, démonstratifs, relatifs, interrogatifs* et *indéfinis.*

Pronoms personnels.

D. Qu'appelez-vous pronoms personnels?

R. Les pronoms *personnels* sont ceux qui désignent les personnes.

Il y a trois personnes : la première est celle qui parle ; la seconde est celle à qui l'on parle ; et la troisième est celle de qui l'on parle.

D. Quels sont les pronoms de la première personne?

R. Ce sont *je* ou *moi* pour le singulier, et *nous* pour le pluriel. Ces pronoms sont des deux genres.

(27)

On dit *me* pour *à moi, moi :* vous *me* parlez , c'est-à-dire, vous parlez *à moi.* Vous
me regardez , c'est-à-dire, vous regardez
moi.

D. Quels sont les pronoms de la seconde
personne ?

R. Ce sont *tu* ou *toi* pour le singulier, et
vous pour le pluriel. Ces pronoms sont aussi
des deux genres.

On dit *te* pour *à toi, toi.* Je *te* parle, c'est-
à-dire, je parle *à toi.* Je *te* vois, c'est-à-
dire, je vois *toi.*

D. N'emploie-t-on le pronom *vous* qu'en
parlant à plusieurs personnes ?

R. Par politesse, on dit *vous* au lieu de
tu au singulier; par exemple, en parlant à
une dame : *vous* êtes bien aimable.

D. Quels sont les pronoms de la troisième
personne?

R. Ce sont : *il* pour le masculin , *elle* pour
le féminin, au singulier; *ils* pour le masculin , *elles* pour le féminin, au pluriel.
On dit *lui* pour *à lui, à elle.* Exemple :

vous *lui* parlerez, c'est-à-dire, vous parlerez *à lui*, *à elle*.

On dit *leur* pour *à eux*, *à elles*. Exemple : vous *leur* parlerez, c'est-à-dire, vous parlerez *à eux*, *à elles*.

On dit *se* pour *à soi*, *soi*. Exemples : il *se* fait un devoir, c'est-à-dire, il fait *à soi*. Il *se* perd, c'est-à-dire, il perd *soi*. Les grammairiens appellent *pronom réfléchi* le pronom *se*, *soi*, parce qu'il marque le rapport d'une personne ou d'une chose à elle-même.

Pronoms possessifs.

D. Qu'est-ce que les pronoms possessifs?

R. Les pronoms *possessifs* sont ceux qui marquent la possession des choses.

SINGULIER.		PLURIEL.	
Masculin.	*Féminin.*	*Masculin.*	*Féminin.*
Le mien.	La mienne.	Les miens.	Les miennes,
Le tien.	La tienne.	Les tiens.	Les tiennes,
Le sien.	La sienne.	Les siens.	Les siennes,
		Des deux Genres.	
Le nôtre.	La nôtre.	Les nôtres.	
Le vôtre.	La vôtre.	Les vôtres,	
Le leur.	La leur.	Les leurs.	

Pronoms démonstratifs.

D. Qu'appelle-t-on pronoms démonstratifs?

R. Les pronoms *démonstratifs* sont ceux
qui servent à montrer les choses dont on
parle.

SINGULIER.		PLURIEL.	
Masculin.	*Féminin.*	*Masculin.*	*Féminin.*
Celui.	Celle.	Ceux.	Celles.
Celui ci.	Celle ci.	Ceux-ci.	Celles-ci.
Celui-là.	Celle-là.	Ceux-là.	Celles-là.
Ce , Ceci , Cela.			

Celui-ci, celle-ci, s'emploient pour montrer des choses qui sont proches : *celui-là,*
celle-là, pour montrer des choses éloignées.

Pronoms relatifs.

D. Qu'est-ce que les pronoms relatifs?

R. Les pronoms *relatifs* sont ceux qui
ont rapport à un nom ou à un autre pronom
qui les précède, et qu'on appelle *antécédent:*
comme quand je dis, *Dieu qui a créé le*
monde ; qui se rapporte à *Dieu; le livre* que
je lis; que se rapporte à *livre. Dieu* est l'antécédent du pronom relatif *qui , livre* est

3

' antécédent du pronom relatif *que*. Les pronoms *qui*, *que* sont des deux genres et des deux nombres.

SINGULIER.		PLURIEL.	
Masculin.	*Féminin.*	*Masculin.*	*Féminin.*
Lequel.	Laquelle.	Lesquels.	Lesquelles.

On dit *duquel* pour *de lequel; auquel* pour *à lequel; desquels* pour *de lesquels; desquelles* pour *de lesquelles; auxquels* pour *à lesquels; auxquelles* pour *à lesquelles.*

Dont s'emploie pour *duquel, de laquelle, desquels* et *desquelles.*

Le, la, les sont d'autres pronoms *relatifs,* dont le premier est pour le genre masculin, le second pour le féminin, le troisième pour les deux genres, au pluriel. *Voilà un bon livre, lisez*-le. *Vous avez la gazette, donnez* la-*moi. Quand vous aurez des nouvelles, vous me* les *ferez savoir.*

Enfin, il y a deux mots qui sont encore des pronoms relatifs, savoir *en* et *y.*

En sert à désigner une personne ou une chose dont on vient de parler. Exemples :

Cette affaire est délicate, le succès en est douteux; c'est-à-dire, le succès de cette affaire est douteux. *Cette maladie est dangereuse, il pourroit bien* en *mourir. Vient-il de la cour?* oui, il en *vient.*

Y signifie à cela, à cet homme-là, en cet endroit-là. Exemples : *J'y répondrai dans la suite. C'est un honnête homme, fiez-vous-y. Voulez-vous y aller? J'y passerai,* etc.

Pronoms interrogatifs.

D. Que nommez-**vous** pronoms interrogatifs?

R. Les pronoms *interrogatifs* ou *absolus* sont ceux qui servent à interroger.

Qui, que, quoi.

On connoît que ces pronoms sont interrogatifs, quand ils n'ont point d'antécédent.

E X E M P L E S :

Qui *oseroit?* etc.

Que *faites-vous là?*

A quoi *pensez-vous?*

4

Pronoms indéfinis.

D. Qu'est-ce que l'on appelle pronoms in-définis?

R. Les pronoms *indéfinis* sont ceux qui ont une signification générale et indétermi-née, comme *on*, *quiconque*, *chacun*, *nul*, *aucun*, *pas un*, *tel*, *qui que ce soit*, *quoi que ce soit*, *quoi*, etc.

E X E M P L E S :

On *vous attend.*

Quiconque *est paresseux, reste ignorant.*

Chacun *sent son mal.*

Aucun *n'a paru.*

Pas un *ne vous croit.*

Tel *qui rit vendredi, dimanche pleurera.*

Qui que ce soit *qui vienne*, etc.

Quoi que ce soit, *qui vous ait retenu.*

Quoi *qu'il en soit.*

Les mots *les uns*, *les autres*, sont aussi des pronoms *indéfinis*, quand ils sont em-ployés seuls, comme dans cette phrase : les uns *sont de cet avis*, les autres *n'en sont point.*

Accord des Pronoms.

D. Quelle règle d'accord suivent les pronoms ?

R. Règle. Les pronoms doivent toujours
être du même genre, du même nombre et
de la même personne que le nom dont ils
tiennent la place. Ainsi, en parlant d'une
dame, dites : elle *viendra ce soir ; elle,*
parce que ce pronom se rapporte à *dame,*
qui est du féminin et au singulier. Dites
aussi : *ce sont vos affaires comme les miennes ;* les *miennes,* parce que ce pronom se
rapporte à *affaires,* qui est du féminin et au
pluriel.

CHAPITRE V.

LE VERBE.

D. Qu'est-ce que le verbe ?

R. Le *verbe* est un mot dont on se sert
pour exprimer que l'on est ou que l'on fait
quelque chose.

D. A quoi reconnoît-on qu'un mot est un verbe ?

R. On connoît qu'un mot est un verbe, quand on peut placer devant ce mot les pronoms *je, tu, il, ils ; elle, elles , nous ,* etc.

D. Que marquent ces pronoms ?

R. Les pronoms *je , nous ,* marquent la première personne , c'est-à-dire, celle qui parle ; *tu , vous ,* marquent la seconde personne, c'est-à-dire, celle à qui l'on parle ; *il , elle , ils , elles ,* et tout nom placé devant un verbe , marquent la troisième personne, celle de qui l'on parle.

D. Les verbes prennent-ils les deux nombres ?

R. Oui. Les verbes sont susceptibles des deux nombres. On emploie le *singulier* quand on parle d'une seule personne ; comme *je chante , mon frère joue ;* on mploi e le *pluriel,* quand on parle de plusieurs personnes, comme *nous chantons, mes frères jouent.*

D. Outre les *personnes* et les *nombres ,*

que faut-il encore considérer dans les verbes ?

R. Il faut considérer les *modes* et les *temps.*

D. Qu'appelez-vous *mode* dans un verbe ?

R. On appelle *mode*, dans un verbe, la manière de signifier de ce verbe.

D. Combien distinguez-vous de *modes* dans les verbes ?

R. Il y en a cinq ; savoir :

1º. L'*indicatif*, quand on affirme que la chose est, ou qu'elle a été, ou qu'elle sera.

2º. Le *conditionnel*, quand on dit qu'une chose seroit, ou qu'elle auroit été, moyennant une condition.

3º. L'*impératif*, quand on commande de la faire.

4º. Le *subjonctif*, quand on souhaite, ou qu'on doute qu'elle se fasse.

5º. L'*infinitif*, qui exprime l'action ou l'état en général, sans nombres, ni personnes, comme, *lire*, *être*.

D. Combien y a-t-il de temps dans les verbes ?

R. Il y a trois temps : le *présent* , qui marque que la chose est ou se fait actuellement, comme *je lis* ; le *passé* ou *prétérit* , qui marque que la chose a été faite, comme *j'ai lu* ; le *futur* , qui marque que la chose sera ou se fera , comme , *je lirai.*

D. Combien distingue-t-on de prétérits ?

R. On distingue plusieurs sortes de prétérits ou passés, savoir : un *imparfait* , *je lisois* ; trois *parfaits* ; *je lus* , *j'ai lu* ; *j'eus lu* ; et un *plusque-parfait* , *j'avois lu.*

D. Y a-t-il aussi plusieurs futurs ?

R. Il y a deux futurs : le futur simple, *je lirai* , et le futur *composé* ou *passé* , *j'aurai lu.*

D. Qu'est-ce que conjuguer un verbe ?

R. Conjuguer un verbe , c'est écrire ou réciter de suite les différents *modes* de ce verbe , avec tous leurs *temps,* leurs *nombres* et leurs *personnes.*

D. Combien avons-nous de conjugaisons ?

R. Il y a quatre conjugaisons différentes, que l'on distingue par la terminaison du présent de l'infinitif.

'La première conjugaison a l'infinitif terminé en *er*, comme *adorer*.

La seconde a l'infinitif terminé en *ir*,
comme *unir*.

La troisième a l'infinitif terminé en *oir*
comme *percevoir*.

La quatrième a l'infinitif terminé en *re*,
comme *entendre*.

Il y a deux verbes que l'on nomme *auxiliaires*, parce qu'ils aident à conjuguer
tous les autres. Nous commencerons par ces
deux verbes.

Verbe auxiliaire ÊTRE.

INDICATIF.

PRÉSENT.

Je suis.
Tu es.
Il *ou* elle est.
Nous sommes.
Vous êtes.
Ils *ou* elles sont.

IMPARFAIT.
J'étois.
Tu étois.

Il *ou* elle étoit.
Nous étions.
Vous étiez.
Ils *ou* elles étoient.

PRÉTÉRIT DÉFINI.

Je fus.
Tu fus.
Il *ou* elle fut.
Nous fûmes.
Vous fûtes.
Ils *ou* elles furent.

PRÉTÉRIT INDÉFINI (1)

J'ai été.
Tu as été.
Il *ou* elle a été.
Nous avons été.
Vous avez été.
Ils *ou* elles ont été.

PRÉTÉRIT ANTÉRIEUR.

J'eus été.
Tu eus été.
Il *ou* elle eut été.
Nous eûmes été.
Vous eûtes été.
Ils *ou* elles eurent été.

PLUSQUE-PARFAIT.

J'avois été.
Tu avois été.
Il *ou* elle avoit été.
Nous avions été.
Vous aviez été.
Ils *ou* elles avoient été.

FUTUR SIMPLE.

Je serai.
Tu seras.
Il *ou* elle sera.

Nous serons.
Vous serez.
Ils *ou* elles seront.

FUTUR COMPOSÉ.

J'aurai été.
Tu auras été.
Il *ou* elle aura été.
Nous aurons été.
Vous aurez été.
Ils *ou* elles auront été.

CONDITIONNELS.

PRÉSENT.

Je serois.
Tu serois.
Il *ou* elle seroit.
Nous serions.
Vous seriez.
Ils *ou* elles seroient.

PASSÉ.

J'aurois été.
Tu aurois été.
Il *ou* elle auroit été.
Nous aurions été.
Vous auriez été.
Ils *ou* elles auroient été.

---

(1) On appelle prétérit *défini* celui qui marque un temps entièrement passé ; exemple : *j'eus hier la fièvre*. On appelle prétérit *indéfini*, celui qui marque un temps dont il peut rester encore quelque partie à s'écouler ; exemple : *j'ai eu la fièvre aujourd'hui*. On appelle prétérit *antérieur*, celui qui marque une chose faite avant une autre ; exemple : *dès que nous eûmes pu la fête, nous partîmes*.

On dit aussi : *j'eusse été, tu eusses été, il ou elle eût été; nous eussions été, vous eussiez été, ils ou elles eussent été.*

IMPÉRATIF.

(Point de première personne au singulier.)

Sois.
Qu'il *ou* qu'elle soit.
Soyons.
Soyez.
Qu'ils *ou* qu'elles soient

SUBJONCTIF.

Présent ou Futur.

Que je sois.
Que tu sois.
Qu'il *ou* qu'elle soit.
Que nous soyons.
Que vous soyez.
Qu'ils *ou* qu'elles soient.

Imparfait.

Que je fusse.
Que tu fusses.
Qu'il *ou* qu'elle fût.
Que nous fussions.
Que vous fussiez.
Qu'ils *ou* qu'elles fussent.

Prétérit.

Que j'aie été.
Que tu aies été.
Qu'il *ou* qu'elle ait été.
Que nous ayons été.
Que vous ayez été.
Qu'ils *ou* qu'elles aient été.

Plusque-parfait.

Que j'eusse été.
Que tu eusses été.
Qu'il *ou* qu'elle eût été.
Que nous eussions été.
Que vous eussiez été.
Qu'ils *ou* qu'elles eussent été.

INFINITIF.

Présent.

Être.

Prétérit.

Avoir été.

PARTICIPES.

Présent.

Étant.

Passé.

Été, ayant été.

Futur.

Devant être.

Verbe auxiliaire AVOIR.

INDICATIF.	PRÉTÉRIT ANTÉRIEUR.

PRÉSENT.

J'ai.
Tu as (1).
Il *ou* elle a.
Nous avons.
Vous avez.
Ils *ou* elles ont.

PRÉTÉRIT ANTÉRIEUR.

J'eus eu.
Tu eus eu.
Il *ou* elle eut eu.
Nous eûmes eu.
Vous eûtes eu.
Ils *ou* elles eurent eu.

IMPARFAIT.

J'avois.
Tu avois.
Il *ou* elle avoit.
Nous avions.
Vous aviez.
Ils *ou* elles avoient.

PLUSQUE-PARFAIT.

J'avois eu.
Tu avois eu.
Il *ou* elle avoit eu.
Nous avions eu.
Vous aviez eu.
Ils *ou* elles avoient eu.

PRÉTÉRIT DÉFINI.

J'eus.
Tu eus.
Il *ou* elle eut.
Nous eûmes.
Vous eûtes.
Ils *ou* elles eurent.

FUTUR SIMPLE.

J'aurai.
Tu auras.
Il *ou* elle aura.
Nous aurons.
Vous aurez.
Ils *ou* elles auront.

PRÉTÉRIT INDÉFINI.

J'ai eu.
Tu as eu.
Il *ou* elle a eu.
Nous avons eu.
Vous avez eu.
Ils *ou* elles ont eu.

FUTUR COMPOSÉ.

J'aurai eu.
Tu auras eu.
Il *ou* elle aura eu.
Nous aurons eu.
Vous aurez eu.
Ils *ou* elles auront eu.

---

(1) Toutes les secondes personnes du singulier ont une *s* à la fin, excepté à l'impératif des verbes de la première conjugaison et de quelques-uns de la seconde.

CONDITIONNELS.

PRÉSENT.

J'aurois.
Tu aurois.
Il *ou* elle auroit.
Nous aurions.
Vous auriez.
Ils *ou* elles auroient.

PASSÉ.

J'aurois eu.
Tu aurois eu.
Il *ou* elle auroit eu.
Nous aurions eu.
Vous auriez eu.
Ils *ou* elles auroient eu.

On dit aussi : *J'eusse eu, tu eusses eu , il ou elle eût eu; nous eussions eu , vous eussiez eu , ils ou elles eussent eu.*

IMPÉRATIF.

(*Point de première personne au singulier*)

Aie.
Qu'il *ou* qu'elle ait.
Ayons.
Ayez.
Qu'ils *ou* qu'elles aient.

SUBJONCTIF.

PRÉSENT OU FUTUR.

Que j'aie.
Que tu aies.
Qu'il *ou* qu'elle ait.
Que nous ayons.
Que vous ayez.
Qu'ils *ou* qu'elles aient

IMPARFAIT.

Que j'eusse.
Que tu eusses.
Qu'il *ou* qu'elle eût.
Que nous eussions.
Que vous eussiez.
Qu'ils *ou* qu'elles eussent.

PRÉTÉRIT.

Que j'aie eu.
Que tu aies eu.
Qu'il *ou* qu'elle ait eu.
Que nous ayons eu.
Que vous ayez eu.
Qu'ils *ou* qu'elles aient eu.

PLU-QUE-PARFAIT.

Que j'eusse eu.
Que tu eusses eu.
Qu'il *ou* qu'elle eût eu.
Que nous eussions eu.
Que vous eussiez eu.
Qu'ils *ou* qu'elles eussent eu.

INFINITIF.

PRÉSENT.

Avoir.

PRÉTÉRIT.

Avoir eu.

PARTICIPES.

PRÉSENT.

Ayant.

PASSÉ.

Eu , eue , ayant eu.

FUTUR.

Devant avoir.

PREMIÈRE CONJUGAISON.

EN *er*.

INDICATIF.

PRÉSENT.

J'ador *e*.
Tu ador *es*.
Il *ou* elle ador *e*.
Nous ador *ons*.
Vous ador *ez*.
Ils *ou* elles ador *ent*.

IMPARFAIT.

J'ador *ois*.
Tu ador *ois*.
Il *ou* elle ador *oit*.
Nous ador *ions*.
Vous ador *iez*.
Ils ou elles ador *oient*.

PRÉTÉRIT DÉFINI.

J'ador *ai*.
Tu ador *as*.
Il *ou* elle ador *a*.
Nous ador *âmes*.
Vous ador *âtes*.
Ils *ou* elles ador *èrent*.

PRÉTÉRIT INDÉFINI.

J'ai adoré.
Tu as adoré.
Il *ou* elle a adoré.
Nous avons adoré.
Vous avez adoré.
Ils *ou* elles ont adoré.

PRÉTÉRIT ANTÉRIEUR.

J'eus adoré.
Tu eus adoré.
Il *ou* elle eut adoré.

Nous eûmes adoré.
Vous eûtes adoré.
Ils *ou* elles eurent adoré.

PLUSQUE-PARFAIT.

J'avois adoré.
Tu avois adoré.
Il *ou* elle avoit adoré.
Nous avions adoré.
Vous aviez adoré.
Ils *ou* elles avoient adoré.

FUTUR SIMPLE.

J'ador *erai*.
Tu ador *eras*.
Il *ou* elle ador *era*.
Nous ador *erons*.
Vous ador *erez*.
Ils *ou* elles ador *eront*.

FUTUR COMPOSÉ.

J'aurai adoré.
Tu auras adoré.
Il *ou* elle aura adoré.
Nous aurons adoré.
Vous aurez adoré.
Ils *ou* elles auront adoré.

CONDITIONNELS.

PRÉSENT.

J'ador *erois*.
Tu ador *erois*.
Il *ou* elle ador *eroit*
Nous ador *erions*.
Vous ador *eriez*.
Ils *ou* elles ador *eroient*.

PASSÉ.

J'aurois adoré.
Tu aurois adoré.
Il *ou* elle auroit adoré.
Nous aurions adoré.
Vous auriez adoré.
Ils *ou* elles auroient adoré.

On dit aussi :

J'eusse adoré, tu eusses adoré, il ou elle eût adoré; nous eussions adoré, vous eussiez adoré, ils ou elles eussent adoré.

IMPÉRATIF.

(*Point de première personne au singulier.*)

Ador *e*.
Qu'il *ou* qu'elle ador *e*.
Ador *ons*.
Ador *ez*.
Qu'ils *ou* qu'elles ador *ent*.

SUBJONCTIF.

PRÉSENT ou FUTUR.

Que j'ador *e*.
Que tu ador *es*.
Qu'il *ou* qu'elle ador *e*.
Que nous ador *ions*.
Que vous ador *iez*.
Qu'ils *ou* qu'elles ador *ent*.

IMPARFAIT.

Que j'ador *asse*.
Que tu ador *asses*.
Qu'il *ou* qu'elle ador *ât*.

Que nous ador *assions*.
Que vous ador *assiez*.
Qu'ils *ou* qu'elles ador *assent*.

PRÉTÉRIT.

Que j'aie adoré.
Que tu aies adoré.
Qu'il *ou* qu'elle ait adoré.
Que nous ayons adoré.
Que vous ayez adoré.
Qu'ils *ou* qu'elles aient adoré.

PLUSQUE-PARFAIT.

Que j'eusse adoré.
Que tu eusses adoré.
Qu'il *ou* qu'elle eût adoré.
Que nous eussions adoré.
Que vous eussiez adoré.
Qu'ils *ou* qu'elles eussent adoré.

INFINITIF.

PRÉSENT.

Ador *er*.

PRÉTÉRIT.

Avoir adoré.

PARTICIPES.

PRÉSENT.

Ador *ant*.

PASSÉ.

Adoré, adorée, ayant adoré.

FUTUR.

Devant adorer.

Ainsi se conjuguent tous les verbes qui

ont le présent de l'infinitif terminé en *er*, comme *estimer, honorer, inviter, présenter, danser, jouer, éternuer, épuiser, critiquer, marmotter, friser, louer, agréer, créer, récréer, amplifier, convier, défier, épier, délier, enrayer, déblayer, gratifier, spolier, aboyer, nettoyer, ondoyer, balayer, défrayer, essuyer, agacer, émincer, enlacer, craqueter, becqueter, moucheter, marteler, bosseler, morceler, espérer, écrémer, amener, achever*, etc.

Première remarque. Les verbes qui ont l'infinitif terminé en *yer*, comme *effrayer, employer, appuyer*, etc., prennent un *i* simple après l'*y* aux deux premières personnes plurielles de l'imparfait de l'indicatif, pour les distinguer des deux premières personnes plurielles du présent de l'indicatif. Ainsi nous écrivons à l'imparfait de l'indicatif : nous *effrayions*, vous *effrayiez*; nous *employions*, vous *employiez*; nous *appuyions*, vous *appuyiez*, etc. On observe la même règle aux deux premières personnes plurielles du présent du subjonctif, parce que la première

(45)

et la seconde personne du pluriel du présent
du subjonctif sont toujours semblables à la
première et à la seconde personne du pluriel
de l'imparfait de l'indicatif.

Dans les verbes qui ont le présent de
l'infinitif en *ier*, comme *prier, crier, nier*, etc.
on double l'*i* aux deux premières personnes
du pluriel de l'imparfait de l'indicatif et du
présent du subjonctif, pour ne pas les con-
fondre avec les deux premières personnes
plurielles du présent de l'indicatif. On écrit
donc à l'imparfait : nous *priions*, vous
priiez, etc.; et au présent du subjonctif:
que nous *criions*, que vous *criiez*, etc.

Deuxième remarque. Dans les *verbes* en
eler, comme *appeler, étinceler*, etc. la lettre
l se double dans toutes les personnes où
elle est suivie d'un *e* muet. Exemple : j'*ap-*
pelle, j'appellerai, qu'ils appellent, etc.

Troisième remarque. Dans les verbes terminés en *eter*, comme *cacheter, jeter*, etc.,
la lettre *t* se double dans toutes les personnes où elle est suivie d'un *e* muet. Exem-

ple : je *jette*, je *cachetterai*, qu'ils *jettent*, qu'ils *cachettent*, etc.

Quatrième remarque. Dans les verbes terminés en *ger*, comme *juger*, *purger*, etc., il faut mettre un *e* muet après le *g*, dans toutes les personnes où le *g* seroit suivi d'un *a* ou d'un *o*. Ainsi, l'on écrit : je *jugeai*, je *purgeois*, et non : je *jugai*, je *purgois*, etc.

Cinquième remarque. Dans les verbes terminés par *cer*, comme *menacer*, *annoncer*, etc., on met une cédille sous le *c* dans toutes les personnes où le *c* est suivi d'un *a* ou d'un *o* ; ainsi, l'on écrit : je *menaçai*, j'*annonçois*, etc.

Sixième remarque. Dans les verbes dont l'*e* pénultième est muet ou fermé, comme *mener*, *révéler*, etc., cet *e* devient ouvert et prend un accent grave, quand l'*e* de la syllabe suivante est muet. Exemple : je *mène*, je *mènerai*, je *révèle*, je *révèlerai*. Mais il reste muet ou fermé, quand la syllabe suivante ne se termine point par un *e* muet : nous *menons*, je *révélai*, etc., que j'*espérasse*, etc.

SECONDE CONJUGAISON.

En *ir*.

INDICATIF.

PRÉSENT.

J'un *is*.
Tu un *is*.
Il *ou* elle un *it*.
Nous uniss *ons*.
Vous uniss *ez*.
Ils *ou* elles uniss *ent*.

IMPARFAIT.

J'uniss *ois*.
Tu uniss *ois*.
Il *ou* elle uniss *oit*.
Nous uniss *ions*.
Vous uniss *iez*.
Ils *ou* elles uniss *oient*.

PRÉTÉRIT DÉFINI.

J'un *is*.
Tu un *is*.
Il *ou* elle un *it*.
Nous un *îmes*.
Vous un *îtes*.
Ils *ou* elles un *irent*.

PRÉTÉRIT INDÉFINI.

J'ai uni.
Tu as uni.
Il *ou* elle a uni.
Nous avons uni.
Vous avez uni.
Ils *ou* elles ont uni.

PRÉTÉRIT ANTÉRIEUR.

J'eus uni.
Tu eus uni.
Il *ou* elle eut uni.
Nous eûmes uni.
Vous eûtes uni.
Ils *ou* elles eurent uni.

PLUSQUE-PARFAIT.

J'avois uni.
Tu avois uni.
Il *ou* elle avoit uni.
Nous avions uni.
Vous aviez uni.
Ils *ou* elles avoient uni.

FUTUR SIMPLE.

J'uni *rai*.
Tu uni *ras*.
Il *ou* elle uni *ra*.
Nous uni *rons*.
Vous uni *rez*.
Ils *ou* elles uni *ront*.

FUTUR COMPOSÉ.

J'aurai uni.
Tu auras uni.
Il *ou* elle aura uni.
Nous aurons uni.
Vous aurez uni.
Ils *ou* elles auront uni.

CONDITIONNELS.

PRÉSENT.

J'uni *rois*.
Tu uni *rois*.
Il *ou* elle uni *roit*.
Nous uni *rions*.
Vous uni *riez*.
Ils *ou* elles uni *roient*.

PASSÉ.

J'aurois uni.
Tu aurois uni.
Il *ou* elle auroit uni.
Nous aurions uni.
Vous auriez uni.
Ils *ou* elles auroient uni.

On dit aussi :

J'eusse uni, tu eusses uni, il ou elle eût uni; nous eussions uni, vous eussiez uni, ils ou elles eussent uni

IMPÉRATIF.

(*Point de première personne au singulier.*)

Unis.
Qu'il *ou* qu'elle uniss *e*.
Uniss *ons*.
Uniss *ez*.
Qu'ils *ou* qu'elles uniss *ent*.

SUBJONCTIF.

PRÉSENT OU FUTUR.

Que j'uniss *e*.
Que tu uniss *es*.
Qu'il *ou* qu'elle uniss *e*.

Que nous uniss *ions*.
Que vous uniss *iez*.
Qu'ils *ou* qu'elles uniss *sent*.

IMPARFAIT.

Que j'un *isse*.
Que tu un *isses*.
Qu'il *ou* qu'elle un *ît*.
Que nous un *issions*.
Que vous un *issiez*.
Qu'ils *ou* qu'elles un *issent*.

PRÉTÉRIT.

Que j'aie uni.
Que tu aies uni.
Qu'il *ou* qu'elle ait uni.
Que nous ayons uni.
Que vous ayez uni.
Qu'ils *ou* qu'elles aient uni.

PLUSQUE-PARFAIT.

Que j'eusse uni.
Que tu eusses uni.
Qu'il *ou* qu'elle eût uni.
Que nous eussions uni.
Que vous eussiez uni.
Qu'ils *ou* qu'elles eussent uni.

INFINITIF.

PRÉSENT.

Un *ir*.

PRÉTÉRIT.

Avoir uni.

PARTICIPES.	PASSÉ.
PRÉSENT.	Uni, unie, ayant uni.
	FUTUR.
Uniss *ant*.	Devant unir.

Ainsi se conjuguent tous les verbes qui ont le présent de l'infinitif terminé en *ir*, comme *punir, ourdir, bannir bâtir, blanchir, noircir, embellir, vieillir, mûrir, nourrir, souffrir, ouvrir, bouillir, éblouir, jouir, fuir, offrir*, etc.

Remarque. Quelques verbes de la seconde conjugaison ont le présent de l'indicatif terminé par un *e* muet, comme *ouvrir, souffrir*, qui font au présent de l'indicatif j'*ouvre*, je *souffre*. *Mentir, sentir*, font : je *mens*, je *sens*, etc.

TROISIÈME CONJUGAISON.

EN *oir*.

INDICATIF.	IMPARFAIT.
PRÉSENT.	
Je perç *ois*.	Je percev *ois*.
Tu perç *ois*.	Tu percev *ois*.
Il *ou* elle perç *oit*.	Il *ou* elle percev *oit*.
Nous percev *ons*.	Nous percev *ions*.
Vous percev *ez*.	Vous percev *iez*.
Ils *ou* elles perçoiv *ent*.	Ils *ou* elles percev *oient*.

PRÉTÉRIT DÉFINI.

Je perç *us.*
Tu perç *us.*
Il *ou* elle perç *ut.*
Nous perç *ûmes.*
Vous perç *ûtes.*
Ils *ou* elles perç *urent.*

PRÉTÉRIT INDÉFINI.

J'ai perçu.
Tu as perçu.
Il *ou* elle a perçu.
Nous avons perçu.
Vous avez perçu.
Ils *ou* elles ont perçu.

PRÉTÉRIT ANTÉRIEUR.

J'eus perçu.
Tu eus perçu.
Il *ou* elle eut perçu.
Nous eûmes perçu.
Vous eûtes perçu.
Ils *ou* elles eurent perçu.

PLUSQUE-PARFAIT.

J'avois perçu.
Tu avois perçu.
Il *ou* elle avoit perçu.
Nous avions perçu.
Vous aviez perçu.
Ils *ou* elles avoient perçu.

FUTUR SIMPLE.

Je percev *rai.*
Tu percev *ras.*
Il *ou* elle percev *ra.*
Nous percev *rons.*
Vous percev *rez.*
Ils *ou* elles percev *ront.*

FUTUR PASSÉ.

J'aurai perçu.
Tu auras perçu.
Il *ou* elle aura perçu.
Nous aurons perçu.
Vous aurez perçu.
Ils *ou* elles auront perçu.

CONDITIONNELS.

PRÉSENT.

Je percev *rois.*
Tu percev *rois.*
Il *ou* elle percev *roit.*
Nous percev *rions.*
Vous percev *riez.*
Ils *ou* elles percev *roient.*

PASSÉ.

J'aurois perçu.
Tu aurois perçu.
Il *ou* elle auroit perçu.
Nous aurions perçu.
Vous auriez perçu.
Ils *ou* elles auroient perçu.

On dit aussi :

J'eusse perçu, tu eusses perçu, il ou elle eût perçu ; nous eussions perçu, vous eussiez perçu, ils ou elles eussent perçu.

IMPÉRATIF.

(*Point de première personne au singulier.*)

Perçoi *s.*
Qu'il *ou* qu'elle perçoiv *e.*

Percev *ons.*
Percev *ez.*
Qu'ils *ou* qu'elles per-
çoiv *ent.*

SUBJONCTIF.

Présent ou Futur.

Que je perçoiv *e.*
Que tu perçoiv *es.*
Qu'il *ou* qu'elle perçoiv *e.*
Que nous percev *ions.*
Que vous percev *iez.*
Qu'ils *ou* qu'elles per-
çoiv *ent.*

Imparfait.

Que je perç *usse.*
Que tu perç *usses.*
Qu'il *ou* qu'elle perç *ût.*
Que nous perç *ussions.*
Que vous perç *ussiez.*
Qu'ils *ou* qu'elles per-
ç *ussent.*

Prétérit.

Que j'aie perçu.
Que tu aies perçu.
Qu'il *ou* qu'elle ait perçu.
Que nous ayons perçu.

Que vous ayez perçu.
Qu'ils *ou* qu'elles aient
perçu.

Plusque-parfait.

Que j'eusse perçu.
Que tu eusses perçu.
Qu'il *ou* qu'elle eût perçu.
Que nous eussions perçu.
Que vous eussiez perçu.
Qu'ils *ou* qu'elles eussent
perçu.

INFINITIF.

Présent.

Percev *oir.*

Prétérit.

Avoir perçu.

PARTICIPES.

Présent.

Percev *ant.*

Passé.

Perçu , perçue , ayant
perçu.

Futur.

Devant percevoir.

Conjuguez de même tous les verbes qui
ont le présent de l'infinitif terminé en *oir,*
comme *concevoir, devoir, prévoir, voir,* etc.

QUATRIÈME CONJUGAISON.
En *re*.

<table>
<tr><td>

INDICATIF.

PRÉSENT.

J'entends.
Tu entends.
Il *ou* elle entend.
Nous entend *ons*.
Vous entend *ez*.
Ils *ou* elles entend *ent*.

IMPARFAIT.

J'entend *ois*.
Tu entend *ois*.
Il *ou* elle entend *oit*.
Nous entend *ions*.
Vous entend *iez*.
Ils *ou* elles entend *oient*.

PRÉTÉRIT DÉFINI.

J'entend *is*.
Tu entend *is*.
Il *ou* elle entend *it*.
Nous entend *îmes*.
Vous entend *îtes*.
Ils *ou* elles entend *irent*.

PRÉTÉRIT INDÉFINI.

J'ai entendu.
Tu as entendu.
Il *ou* elle a entendu.
Nous avons entendu.
Vous avez entendu.
Ils *ou* elles ont entendu.

PRÉTÉRIT ANTÉRIEUR.

J'eus entendu.
Tu eus entendu.
Il *ou* elle eut entendu.

</td><td>

Nous eûmes entendu.
Vous eûtes entendu.
Ils *ou* elles eurent entendu.

PLUSQUE-PARFAIT.

J'avois entendu.
Tu avois entendu.
Il *ou* elle avoit entendu.
Nous avions entendu.
Vous aviez entendu.
Ils *ou* elles avoient entendu.

FUTUR SIMPLE.

J'entend *rai*.
Tu entend *ras*.
Il *ou* elle entend *ra*.
Nous entend *rons*.
Vous entend *rez*.
Ils *ou* elles entend *ront*.

FUTUR COMPOSÉ.

J'aurai entendu.
Tu auras entendu.
Il *ou* elle aura entendu.
Nous aurons entendu.
Vous aurez entendu.
Ils *ou* elles auront entendu.

CONDITIONNELS.

PRÉSENT.

J'entend *rois*.
Tu entend *rois*.

</td></tr>
</table>

Il *ou* elle entend *roit.*
Nous entend *rions.*
Vous entend *riez.*
Ils *ou* elles entend *roient.*

PASSÉ.

J'aurois entendu.
Tu aurois entendu.
Il *ou* elle auroit entendu.
Nous aurions entendu.
Vous auriez entendu.
Ils *ou* elles auroient en-
tendu.

On dit aussi :

*J'eusse entendu, tu
eusses entendu, il ou elle
eût entendu ; nous eus-
sions entendu, vous eus-
siez entendu, ils ou elles
eussent entendu.*

IMPÉRATIF.

(*Point de première per-
sonne au singulier.*)

Entends.
Qu'il *ou* qu'elle entend *e.*
Entend *ons.*
Entend *ez.*
Qu'ils *ou* qu'elles enten-
d *ent.*

SUBJONCTIF.

PRÉSENT OU FUTUR.

Que j'entend *e.*
Que tu entend *es.*
Qu'il *ou* qu'elle entend *e.*
Que nous entend *ions.*
Que vous entend *iez.*

Qu'ils *ou* qu'elles enten-
d *ent.*

IMPARFAIT.

Que j'entend *isse.*
Que tu entend *isses.*
Qu'il *ou* qu'elle entend *ît.*
Que nous entend *issions.*
Que vous entend *issiez.*
Qu'ils *ou* qu'elles enten-
d *issent.*

PRÉTÉRIT.

Que j'aie entendu.
Que tu aies entendu.
Qu'il *ou* qu'elle ait en-
tendu.
Que nous ayons entendu.
Que vous ayez entendu.
Qu'ils *ou* qu'elles aient
entendu.

PLUSQUE-PARFAIT

Que j'eusse entendu.
Que tu eusses entendu.
Qu'il *ou* qu'elle eût en-
tendu.
Que nous eussions enten-
du.
Que vous eussiez entendu.
Qu'ils *ou* qu'elles eussent
entendu.

INFINITIF.

PRÉSENT.

Entend *re.*

PRÉTÉRIT.

Avoir entendu.

3

PARTICIPES.

PRÉSENT.

Entend *ant.*

PASSÉ.

Entendu, entendue, ayant entendu.

FUTUR.

Devant entendre.

Conjuguez de même tous les verbes qui sont terminés en *re* au présent de l'infinitif, comme *prétendre, défendre, vendre, suspendre, répandre, répondre, fondre, tordre, mordre, perdre, tondre,* etc.

DES TEMPS DES VERBES.

D. Comment se divisent les temps des verbes?

R. Ils se divisent d'abord en temps simples et en temps composés.

D. Qu'appelez-vous temps simples?

R. Les temps *simples* sont ceux qui n'empruntent aucun temps des verbes auxiliaires *être* ou *avoir,* comme j'*honore,* je *punis,* j'*apercevrai,* j'*entendrai,* etc.

D. Qu'est-ce que les temps composés?

R. Les temps *composés* sont ceux qui se forment en empruntant un des temps du verbe *avoir,* ou du verbe *être,* comme j'ai écrit, je *suis* parti, etc.

D. Comment se divisent encore les temps
des verbes ?

R. Ils se divisent encore en temps primitifs et en temps dérivés.

D. Que nomme-t-on temps primitifs?

R. Les temps *primitifs* sont ceux qui servent à former les autres temps dans les quatre
conjugaisons, et qui ne sont eux-mêmes
formés d'aucun autre.

D. Et que nommez-vous temps dérivés?

R. Les temps *dérivés* sont ceux qui se forment des temps primitifs.

D. Combien comptez-vous de temps primitifs?

R. Nous comptons cinq temps primitifs,
savoir : *le présent de l'infinitif, le participe
présent, le participe passé, le présent de l'indicatif, et le prétérit défini.*

D. Que faut-il savoir pour bien conjuguer
un verbe ?

R. Pour bien conjuguer un verbe, il faut
en connoître les cinq temps *primitifs*, et
savoir ensuite comment les temps *dérivés* se
forment des temps primitifs.

4

TABLEAU DES TEMPS PRIMITIFS.

	PRÉSENT de l'infinitif.	PARTICIPE présent.	PARTICIPE passé.	PRÉSENT de l'Indicatif.	PRÉTÉRI défini.
1re. CONJUG...	Adorer.	Adorant.	Adoré.	J'adore.	J'adorai.
2e. CONJUG.	Unir.	Unissant.	Uni.	J'unis.	J'unis.
	Finir.	Finissaut.	Fini.	Je finis.	Je finis.
	Sentir.	Sentant.	Senti.	Je sens.	Je sentis.
	Mentir.	Mentant.	Menti.	Je mens.	Je mentis.
	Dormir.	Dormant.	Dormi.	Je dors.	Je dormis.
	Servir.	Servant.	Servi.	Je sers.	Je servis.
	Ouvrir.	Ouvrant.	Ouvert.	J'ouvre.	J'ouvris.
	Tenir.	Tenant.	Tenu.	Je tiens.	Je tins.
3e. CONJUG...	Percevoir.	Percevant.	Perçu.	Je perçois.	Je perçus.
4e. CONJUG.	Entendre.	Entendant.	Entendu.	J'entends.	J'entendis.
	Craindre.	Craignant.	Craint.	Je crains.	Je reçus.
	Teindre.	Teignant.	Teint.	Je teins.	Je teignis.
	Joindre.	Joignant.	Joint.	Je joins.	Je joignis.
	Contredire.	Contredisant.	Contredit.	Je contredis.	Je contredis.
	Réduire.	Réduisant.	Réduit.	Je réduis.	Je réduisis.
	Connoître.	Connoissant.	Connu.	Je connois.	Je connus.
	Plaire.	Plaisant.	Plu.	Je plais.	Je plus.
	Fondre.	Fondant.	Fondu.	Je fonds.	Je fondis.
	Tondre.	Tondant.	Tondu.	Je tonds.	Je tondis.
	Mordre.	Mordant.	Mordu.	Je mords.	Je mordis.
	Tordre.	Tordant.	Tordu.	Je tords.	Je tordis.

FORMATION DES TEMPS DÉRIVÉS.

Imparfait de l'Indicatif.

D. D'où se forme l'imparfait de l'indicatif ?

R. L'imparfait de l'indicatif se forme du participe présent, en changeant *ant* en *ois;* ador *ant,* imparfait j'ador *ois;* uniss *ant,* imparfait j'uniss *ois ;* percev *ant,* imparfait je percev *ois;* entend *ant,* imparfait j'entend *ois.*

Il n'y a que deux exceptions : *ayant,* j'a-*vois; sachant,* je *savois.*

D. N'avez-vous point quelques remarques particulières à faire sur l'imparfait de l'indicatif ?

R. Nous devons remarquer,

1°. Que dans tous les verbes qui ont le participe présent terminé eu *yant,* comme *fuyant, voyant, croyant,* etc., on ajoute un *i* simple après l'*y,* dans les deux premières personnes plurielles de l'imparfait pour les distinguer des deux premières personnes plurielles du présent de l'indicatif. Ainsi, nous écrivons : *nous* fuy *ions, vous* fuy *iez; nous* voy *ions, vous* voy *iez; nous* croy *ions, vous* croy *iez,* etc.

2°. Que dans les verbes qui ont le participe présent terminé en *iant,* on double l'*i* aux deux premières personnes plurielles de l'imparfait. Exemple : *nous* ri *ions, vous* ri *iez,* etc.

Futur simple.

D. D'où se forme le futur simple?

R. Le futur simple se forme du présent de l'infinitif, en ajoutant *ai* pour les trois premières conjugaisons, et en changeant *e* en *ai* pour la quatrième. Exemple : *adorer,* futur, j'adorer *ai; unir,* futur, j'unir *ai; prévoir,* futur je prévoir *ai; entendre,* futur, j'entendr *ai.*

D. Quelles sont les exceptions à cette formation du futur?

R. Les voici :

Première conjugaison. *Envoyer.* futur,

j'enverrai ; aller, j'irai ; essayer, j'essaierai ; employer, j'emploierai ; appuyer, j'appuierai.

SECONDE CONJUGAISON. *Tenir*, futur, je *tiendrai* ; *venir*, je *viendrai* ; *courir*, je *courrai* ; *cueillir*, je *cueillerai* ; *mourir*, je *mourrai* ; *acquérir*, j'*acquerrai*.

TROISIÈME CONJUGAISON. *Recevoir*, futur, je *recevrai* ; *avoir*, j'*aurai* ; *échoir*, j'*écherrai* ; *pouvoir*, je *pourrai* ; *savoir*, je *saurai* ; *s'asseoir*, je *m'asseirai* ou je *m'assiérai* ; *voir*, je *verrai* ; *vouloir*, je *voudrai* ; *mouvoir*, je *mouvrai* ; *devoir*, je *devrai* ; *valoir*, je *vaudrai* ; *falloir*, il *faudra* ; *pleuvoir*, il *pleuvra*.

QUATRIÈME CONJUGAISON. *Faire*, futur, je *ferai* ; *être*, je *serai*.

Conditionnel Présent.

D. D'où se forme le conditionnel présent ?

R. Le conditionnel présent se forme du futur simple, en changeant *rai* en *rois*, sans exception. Exemple : j'*adore* rai, condi-

tionnel j'*adore* rois; j'*uni* rai, j'*uni* rois; je
percev rai, je *percev* rois; j'*entend* rai, j'*entend* rois,

Impératif.

D. D'où se forme l'impératif?

R. L'impératif se forme de la première
personne du présent de l'indicatif, en ôtant
seulement le pronom *je*. Exemple : j'*adore*,
impératif *adore*; j'*unis*, impératif *unis*; je
perçois, impératif *perçois*; j'*entends*, impératif *entends*, etc.

D. Y a-t-il des exceptions ?

R. Quatre verbes sont exceptés : je *suis*,
impératif *sois*; j'*ai*, impératif *aie*; je *sais*,
impératif *sache*; je *vais*, impératif *va*.

Présent du Subjonctif.

D. D'où se forme le présent du subjonctif?

R. Le présent du subjonctif se forme du
participe présent, en changeant *ant* en un
e muet. Exemple : *ador* ant, que j'*ador* e;
uniss ant, que j'*uniss* e; *sachant*, que je
sache; *entend* ant, que j'*entend* e.

(61)

D. Quelles sont les exceptions à cette formation du présent du subjonctif?

R. Les voici :

PREMIÈRE CONJUGAISON. *Allant*, que *j'aille; effrayant*, que *j'effraie; employant*, que *j'emploie; essuyant*, que *j'essuie* : il en est de même de tous les verbes qui se conjuguent comme ces trois derniers.

SECONDE CONJUGAISON. *Tenant*, que je *tienne; venant*, que je *vienne; acquérant*, que *j'acquière, mourant*, que je *meure; fuyant*, que je *fuie*.

TROISIÈME CONJUGAISON. *Recevant*, que je *reçoive; devant*, que je *doive; pouvant*, que je *puisse; valant*, que je *vaille* (1); *mouvant*, que je *meuve; s'asseyant*, que je *m'asseie; voyant*, que je *voie; voulant*, que je *veuille* (2); *fallant*, qu'il *faille*.

____

(1) Que tu *vailles*, qu'il *vaille*, que nous *valions*, que vous *valiez*, qu'ils *vaillent*. Mais *prévaloir* forme régulièrement le présent du subjonctif, que je *prévale*, etc., qu'ils *prévalent*.

(2) Que tu *veuilles*, qu'il *veuille*, que nous *voulions*, que vous *vouliez*, qu'ils *veuillent*

Quatrième conjugaison. *Etant*, que je *sois*; *buvant*, que je *boive*; *faisant*, que je *fasse*; *croyant*, que je *croie*; *prenant*, que je *prenne*.

D. Quelles remarques avez-vous à faire sur le présent du subjonctif?

R. Nous avons deux remarques à faire sur le présent du subjonctif.

Première remarque. La troisième personne du singulier de l'impératif, et la troisième personne du singulier du présent du subjonctif, sont toujours semblables.

Deuxième remarque. La première et la seconde personne du pluriel du présent du subjonctif, sont semblables à la première et à la seconde personne du pluriel de l'imparfait de l'indicatif.

Imparfait du Subjonctif.

D. D'où se forme l'imparfait du subjonctif?

R. L'imparfait du subjonctif se forme du prétérit défini, en changeant *ai* en *asse* pour

la première conjugaison : *j'adorai*, impar‑
fait que *j'adorasse ;* et en ajoutant seule‑
ment *se* pour les trois autres conjugaisons :
j'unis, que *j'unisse ;* je *perçus*, que je *per‑
çusse ;* *j'entendis*, que *j'entendisse*. Il n'y
a point d'exception.

D. N'avez-vous rien à remarquer sur le
présent de l'indicatif?

R. Le présent de l'indicatif est un temps
primitif, et par conséquent ne se forme
d'aucun autre ; mais ses trois personnes plu‑
rielles se forment du participe présent en
cette sorte :

La première, en changeant *ant* en *ons*.
Exemples : *ador* ant, *nous ador* ons ; *unis‑
sant, nous uniss* ons ; *percev* ant, *nous per‑
cev* ons ; *entend* ant, *nous entend* ons. Ex‑
ceptions : *étant*, nous *sommes ; ayant*, nous
avons ; sachant, nous *savons*.

La seconde, en changeant *ant* en *ez* (1).
Exemples : *ador* ant, vous *ador* ez; *uniss* ant,

____

(1) Les secondes personnes du pluriel dans les ver‑
bes sont ordinairement terminées par *z*.

(64)

vous *uniss* ez; *percev* ant, vous *percev* ez; *en-tend* ant, vous *entend* ez. Exceptions : *ayant*, vous *avez*; *sachant*, vous *savez*; *disant*, vous *dites*; *faisant*, vous *faites*.

Enfin, la troisième, en changeant *ant* en *ent* (1) Ex. *Ador* ant, ils *ador* ent; *unissant*, ils *uniss* ent; *entend* ant, ils *entend* ent.

D. Quelles sont les exceptions à cette formation de la troisième personne plurielle du présent de l'indicatif?

R. Les voici :

PREMIÈRE CONJUGAISON. *Allant*, ils *vont*; *effrayant*, ils *effraient*; *employant*, ils *emploient*, etc.

DEUXIÈME CONJUGAISON. *Venant*, ils *viennent*; *tenant*, ils *tiennent*; *acquérant*, ils *acquièrent*; *mourant*, ils *meurent*; *fuyant*, ils *fuient*.

TROISIÈME CONJUGAISON. *Recevant*, ils

---

(1) Les troisièmes personnes du pluriel dans les verbes finissent par *ent*, excepté celles du futur, qui finissent par *ont*.

reçoivent ; devant, ils *doivent ; mouvant*, ils *meuvent ; voyant*, ils *voient ; sachant*, ils *savent ; pouvant*, ils *peuvent ; voulant*, ils *veulent ; ayant*, ils *ont ; s'asseyant*, ils *s'asseient*.

Quatrième conjugaison. *Etant*, ils *sont ; faisant*, ils *font ; buvant*, ils *boivent ; croyant*, ils *croient ; prenant*, ils *prennent*.

D. Dans les verbes qui ont le participe présent terminé en *yant*, quelles sont les personnes qui conservent l'*y*, et quelles sont celles où l'*y* se change en un *i* simple ?

R. Dans les verbes qui ont le participe présent terminé en *yant*, l'*y* se change en un *i* simple dans toutes les personnes où cet *y* seroit suivi d'un *e* muet. Exemple : J'es-*saie*, tu *essaies*, il *essaie*, ils *essaient* ; j'es-*suierai*, j'essuierois ; que je *broie*, que tu *fuies*, qu'il *voie*, qu'ils *croient*, etc.

Formation des Temps composés.

D. D'où se forment les temps composés ?

R. Tous les temps *composés* se forment

du participe passé, en y joignant les temps des verbes auxiliaires *avoir* et *être*, comme *j'ai adoré, j'ai uni, j'avois perçu, j'aurai entendu, je suis venu, j'étois sorti, que je fusse parti*, etc.

Verbes irréguliers.

D. Qu'appelle-t-on verbes irréguliers ?

R. Les verbes *irréguliers* ou *anomaux* sont ceux auxquels les terminaisons du verbe qui leur sert de modèle, ne conviennent point dans tous les temps primitifs ou dérivés. Voici le tableau des temps primitifs des principaux verbes irréguliers.

TEMPS PRIMITIFS DES VERBES IRRÉGULIERS.

PRÉSENT de l'infinitif.	PARTICIPE présent.	PARTICIPE passé.	PRÉSENT de l'Indicatif.	PRÉTÉRIT défini.
* PREMIÈRE CONJUGAISON.				
Aller.	Allant.	Allé.	Je vais.	J'allai.
SECONDE CONJUGAISON.				
Courir.	Courant.	Couru.	Je cours.	Je courus.
Cueillir.	Cueillant.	Cueilli.	Je cueille.	Je cueillis.
Fuir.	Fuyant.	Fui.	Je fuis.	Je fuis.
Mourir.	Mourant.	Mort.	Je meurs.	Je mourus.
Faillir.		Failli.		Je faillis.
Acquérir.	Acquérant.	Acquis.	J'acquiers.	J'acquis.
Saillir.	Saillant.	Sailli.	Il saille.	Il saillit.
Tressaillir.	Tressaillant.	Tressailli.	Je tressaille.	Je tressaillis.
Vêtir.	Vêtant.	Vêtu.	Je vêts.	Je vêtis.
Revêtir.	Revêtant.	Revêtu.	Je revêts.	Je revêtis.

TROISIÈME CONJUGAISON.

PRÉSENT de l'infinitif.	PARTICIPE présent.	PARTICIPE passé.	PRÉSENT de l'Indicatif.	PRÉTÉRIT défini.
Choir.		Déchu.	Je déchois.	Je déchus.
Déchoir.		Echu.	Il échet.	J'échus.
Échoir.	Echéant.	Fallu.	Il faut.	Il fallut.
Falloir.		Mu.	Je meus.	Je mus.
Mouvoir.	Mouvant.	Plu.	Il pleut.	Il plut.
Pleuvoir.	Pleuvant.	Pu.	Je puis.	Je pus.
Pouvoir.	Pouvant.	Su.	Je sais.	Je sus.
Savoir.	Sachant.	Assis.	Je m'assieds.	Je m'assis.
S'asseoir.	S'asseyant.	Sursis.	Je surseois.	Je sursis.
Surseoir.		Valu.	Je vaux.	Je valus.
Valoir.	Valant.	Vu.	Je vois.	Je vis.
Voir.	Voyant.	Pourvu.	Je pourvois.	Je pourvus.
Pourvoir.	Pourvoyant.	Voulu.	Je veux.	Je voulus.
Vouloir.	Voulant.			

QUATRIÈME CONJUGAISON.

PRÉSENT de l'Infinitif.	PARTICIPE présent.	PARTICIPE passé.	PRÉSENT de l'Indicatif.	PRÉTÉRIT défini.
Battre.	Battant.	Battu.	Je bats.	Je battis.
Boire.	Buvant.	Bu.	Je bois.	Je bus.
Braire.			Il brait.	
Bruire.	Bruyant.			
Circoncire.		Circoncis.	Je circoncis.	Je circoncis.
Clore, Clorre.		Clos.	Je clos.	
Conclure.	Concluant.	Conclu.	Je conclus.	Je conclus.
Confire.	Confisant.	Confit.	Je confis.	Je confis.
Coudre.	Cousant.	Cousu.	Je conds.	Je cousis.
Croire.	Croyant.	Cru.	Je crois.	Je crus.
Dire.	Disant.	Dit.	Je dis.	Je dis.
Maudire.	Maudissant.	Maudit.	Je maudis.	Je maudis.
Ecrire.	Ecrivant.	Ecrit.	J'écris.	J'écrivis.
Exclure.	Excluant.	Exclus.	J'exclus.	J'exclus.
Faire.	Faisant.	Fait.	Je fais.	Je fis.
Prendre.	Prenant.	Pris.	Je prends.	Je pris.
Lire.	Lisant.	Lu.	Je lis.	Je lus.
Luire.	Luisant.	Lui.	Je luis.	

SUITE DE LA QUATRIÈME CONJUGAISON.

Mettre.	Mettant.	Mis.	Je mets.	Je mis.
Moudre.	Moulant.	Moulu.	Je mouds.	Je moulus.
Naître.	Naissant.	Né.	Je nais.	Je naquis.
Nuire.	Nuisant.	Nui.	Je nuis.	Je nuisis.
Rire.	Riant.	Ri.	Je ris.	Je ris.
Rompre.	Rompant.	Rompu.	Je romps.	Je rompis.
Absoudre.	Absolvant.	Absous.	J'absous.	
Résoudre.	Résolvant.	Résous, résolu.	Je résous.	Je résolus.
Suffire.	Suffisant.	Suffi.	Je suffis.	Je suffis.
Suivre.	Suivant.	Suivi.	Je suis.	Je suivis.
Traire.	Trayant.	Trait.	Je trais.	
Vaincre.	Vainquant.	Vaincu.	Je vaincs.	Je vainquis.
Vivre.	Vivant.	Vécu.	Je vis.	Je vécus.

Nous ne marquons pas les verbes *composés*, parce qu'ils suivent la conjugaison de leurs *simples* : par exemple, les composés *promettre*, *admettre*, etc., se conjuguent comme le verbe simple *mettre*.

Au moyen de cette table et des règles que nous avons données sur la formation des temps, il n'y a point de verbe qu'on ne puisse conjuguer.

Du Nominatif des Verbes.

D. Qu'appellez-vous nominatif d'un verbe ?

R. Nous appelons *nominatif* d'un verbe le sujet qui fait ou qui reçoit l'action que le verbe exprime. Dans ces phrases : *mon frère joue ; ma sœur est aimée ; mon frère* est le nominatif du verbe *joue*, parce que c'est le sujet qui fait l'action de *jouer*, que ce verbe exprime ; *ma sœur* est le nominatif du verbe *est aimée*, parce que c'est le sujet qui reçoit l'action *d'aimer*, que le verbe exprime.

D. Comment trouve-t-on le *nominatif* ou *sujet* d'un verbe ?

R. Pour trouver le *nominatif* ou *sujet* d'un verbe, il faut mettre la demande *qui est-ce qui* devant le verbe : la réponse à cette question fait connoître le nominatif ou sujet. Par exemple, dans les deux phrases : *mon frère joue ; ma sœur est aimée*, si je demande : *qui est-ce qui* joue ? la réponse sera : *mon frère*. *Mon frère* est donc le no-

minatif du verbe *joue*. De même, si je demande : *qui est-ce qui* est aimé? la réponse
sera : *ma sœur*. Ainsi, *ma sœur* est le nominatif du verbe *est aimée*.

D. En quoi le verbe dépend-il de son
nominatif?

R. Règle. Tout verbe doit être du même
nombre et de la même personne que son
nominatif ou sujet. Ex. *Je peins : peins* est
du singulier et de la première personne,
parce que *je* son nominatif est du singulier et
de la première personne. *Ils peignent : peignent* est au pluriel et à la troisième personne, parce que le nominatif *ils* est au
pluriel et à la troisième personne.

D. A quel nombre doit être le verbe qui
a deux nominatifs singuliers?

R. Un verbe qui a deux nominatifs singuliers, doit se mettre au pluriel. Ex. *Mon
père et ma mère viendront.*

D. A quelle personne met-on le verbe qui
a deux nominatifs de différentes personnes?

R. Quand un verbe a deux nominatifs de
différentes personnes, on le met à la pre-

mière personne„ si l'un des deux nominatifs est de la première personne; et on le
met à la deuxième personne, s'il n'y a aucun nominatif qui soit de la première. Ex.
Vous et moi nous perdrons la partie. *Vous
et votre père* vous dînerez avec nous.

D. Puisque la première personne l'em-
porte sur la seconde, pourquoi, dans l'exemple que vous venez de donner, n'avez-vous
pas dit : *Moi et vous* nous perdrons, en mettant la première personne avant la seconde?

R. C'est que la politesse exige qu'on
nomme d'abord la personne à qui l'on parle,
et qu'on ne se nomme soi-même qu'en der-
nier lieu.

Du Régime des Verbes.

D. Qu'est-ce que le régime d'un verbe?

R. On appelle *régime* ou *complément*
d'un verbe l'objet sur lequel tombe l'action
que le verbe exprime. Dans cette phrase :
je *bâtis une maison,* maison est le *régime*
ou *complément* du *verbe je bâtis,* parce que

c'est l'objet sur lequel tombe l'action de bâtir, exprimée par le verbe.

D. Comment connoît-on le régime d'un verbe ?

R. Pour connoître le régime d'un verbe, il faut mettre après ce verbe les pronoms interrogatifs *qui* ou *quoi?* La réponse indique le régime. Exemples : *je sers mon ami; je bâtis une maison,* etc. Si je dis : *je sers* qui ? la réponse sera : *mon ami;* donc *mon ami* est le régime du verbe *je sers.* Si je dis: *je bâtis* quoi? la réponse sera : *une maison.* Ainsi, *maison* est le régime du verbe *je bâtis.*

D. Combien distingue-t-on de régimes dans les verbes ?

R. On distingue deux régimes; savoir, le régime *direct* et le régime *indirect.*

Le régime *direct* est l'objet sur lequel tombe immédiatement l'action marquée par le verbe, comme dans les phrases : *je sers mon ami; je bâtis une maison; ami, maison* sont des régimes *directs.*

Le régime *indirect* est l'objet sur lequel

(75)

l'action marquée par le verbe, ne tombe qu'*indirectement*. Il est toujours précédé des prépositions *à* ou *de*. Exemples : *j'ai porté une lettre à votre père : j'ai reçu une lettre de votre cousin. Votre père*, est le régime indirect du verbe *porter ; votre cousin* est le régime indirect du verbe *recevoir*.......
Pour trouver le régime indirect, il faut faire les questions *à qui? de qui?* ou bien *à quoi? de quoi?*

D. Quelle place le régime direct tient-il dans la phrase?

R. Le régime direct se place ordinairement après le verbe, comme dans ces exemples : *je prie* Dieu ; *vous savez* votre leçon. Mais si le régime est un pronom, il se met avant le verbe, comme dans ces phrases : *je vous estime*, pour *j'estime vous* ; *je la respecte*, pour *je respecte elle*.

Des différentes sortes de Verbes.

D. Combien distinguez-vous de sortes de verbes?

R. On divise les verbes en *actifs*, pas-

*sifs, neutres, réfléchis, réciproques, prono-
minaux* et *unipersonnels.*

D. Qu'est-ce qu'un verbe actif?

R. On appelle verbe *actif* celui qui exprime une action qui tombe sur un objet.
Ainsi, dans les phrases, *acheter un livre,
étudier une leçon,* les verbes *acheter, étudier,* sont des verbes *actifs,* parce qu'ils expriment une action qui tombe sur les objets
livre, leçon. On connoît les verbes *actifs,*
en ce qu'on peut placer après ces verbes,
les mots *quelqu'un* ou *quelque chose.*

D. Qu'est-ce que le verbe passif?

R. Le verbe *passif* est celui dont le sujet
reçoit ou supporte l'action marquée par le
verbe. Pour former le verbe passif, il faut
prendre *l'objet* de l'action exprimée par le
verbe actif, et en faire le *sujet* qui reçoive
l'action que marque le verbe passif. Ainsi,
pour mettre au passif le verbe *récompenser*
de cette phrase : *Dieu récompensera l'homme
juste,* dites : *l'homme juste sera récompensé
de Dieu.*

D. Qu'appelle-t-on verbes neutres?

R. On appelle verbes *neutres*, les verbes qui expriment un état, ou bien une action qui ne tombe point directement sur un objet. Ainsi, *languir* est un verbe *neutre*, parce que ce verbe exprime un état. *Marcher* est un verbe *neutre*, parce que ce verbe exprime une action qui ne sort pas du sujet qui la fait. *Nuire* est un verbe *neutre*, parce qu'il exprime une action qui ne peut tomber directement sur un objet.

D. Comment connoît-on un verbe neutre?

R. On connoît un verbe *neutre*, en ce qu'on ne peut pas mettre après ce verbe, les mots *quelqu'un*, *quelque chose*. *Languir*, *nuire*, sont des verbes neutres, parce qu'on ne peut point dire languir *quelqu'un*, *quelque chose*, nuire *quelqu'un*, *quelque chose*. Ainsi, les verbes neutres n'ont point de régime direct; mais ils peuvent avoir un régime indirect, marqué par *à* ou *de*. Ce livre appartient à mon frère. Je profiterai de vos avis.

D. Pourquoi ces verbes sont-ils appelés *neutres?*

3

R. On les nomme verbes *neutres*, parce qu'ils ne sont ni *actifs* ni *passifs*.

D. Qu'est-ce que les verbes réfléchis?

R. Les verbes *réfléchis* sont ceux qui expriment soit l'action d'un sujet qui agit sur lui-même, comme *se conduire*, *se défendre*; soit une action faite par le sujet, et qui aboutit seulement à lui, comme, je me *fais un devoir*; c'est-à-dire, je fais *à moi* un devoir. Dans le premier cas, les pronoms *me*, *te*, *se*, *nous*, *vous*, sont en régime direct; dans le second cas, ces pronoms sont en régime indirect.

D. Qu'est-ce que les verbes réciproques?

R. Les verbes *réciproques* sont ceux qui expriment l'action de plusieurs sujets qui agissent respectivement les uns sur les autres de la même manière, comme : *ces deux hommes* se querellent *sans cesse. Tous les hommes doivent* s'entr'aider.

D. Qu'appelle-t-on verbes pronominaux?

R. On nomme verbes *pronominaux* ceux qui, se conjuguant avec des pronoms de la même personne, n'expriment ni l'action qu'un sujet fait sur lui-même, ni une action qui aboutit au sujet, ni même une action faite par le sujet. Ainsi, quand je dis: *cette marchandise se vend trop cher*; l'action de *vendre* ne tombe point sur le sujet *marchandise*, parce que la marchandise ne peut se vendre elle-même. Cette action n'aboutit pas à *marchandise*, puisque *se* n'est pas pour *à elle*; elle n'est pas non plus faite par le sujet, parce qu'on ne peut pas dire d'une *marchandise*, qu'elle *vend*. Le verbe *se vendre* a donc une signification passive, et la phrase équivaut à celle-ci : cette *marchandise est vendue trop cher*.

D. Qu'est-ce que le verbe unipersonnel?

R. Le verbe *unipersonnel* est celui qui ne s'emploie qu'à la troisième personne du singulier; comme, *il faut, il importe, il pleut, il y a*, etc.

CONJUGAISON DES VERBES PASSIFS.

D. Tous les verbes passifs se conjuguent-ils de la même manière?

R. Il n'y a qu'une seule conjugaison pour tous les verbes passifs; elle se fait avec l'auxiliaire *être* dans tous ses temps, et le participe passé du verbe qu'on veut conjuguer.

INDICATIF.

Présent.

Je suis estimé, *ou* estimée.

Tu es estimé, *ou* estimée.

Il est estimé, *ou* elle est estimée.

Nous sommes estimés, *ou* estimées.

Vous êtes estimés, *ou* estimées.

Ils sont estimés, *ou* elles sont estimées.

Imparfait.

J'étois estimé, *ou* estimée.

Tu étois estimé, *ou* estimée.

Il étoit estimé, *ou* elle étoit estimée.

Nous étions estimés, *ou* estimées.

Vous étiez estimés, *ou* estimées.

Ils étoient estimés, *ou* elles étoient estimées.

Prétérit défini.

Je fus estimé, *ou* estimée.

Tu fus estimé, *ou* estimée.

Il fut estimé, *ou* elle fut estimée.

Nous fûmes estimés, *ou* estimées.

Vous fûtes estimés, *ou* estimées.

Ils furent estimés, *ou* elles furent estimées.

Prétérit indéfini.

J'ai été estimé, *ou* estimée.

Tu as été estimé, *ou* estimée.

Il a été estimé, *ou* elle a été estimée.

Nous avons été estimés, *ou* estimées.

Vous avez été estimés, *ou* estimées.

Ils ont été estimés, *ou* elles ont été estimées.

Prétérit antérieur.

J'eus été estimé, *ou* estimée.

Tu eus été estimé, *ou* estimée.

Il eut été estimé, *ou* elle eut été estimée.

Nous eûmes été estimés, *ou* estimées.

Vous eûtes été estimés, *ou* estimées.

Ils eurent été estimés, *ou* elles eurent été estimées.

Plusque-parfait.

J'avois été estimé, *ou* estimée.

Tu avois été estimé, *ou* estimée.

Il avoit été estimé, *ou* elle avoit été estimée.

Nous avions été estimés, *ou* estimées.

Vous aviez été estimés, *ou* estimées.

Ils avoient été estimés, *ou* elles avoient été estimées.

Futur simple.

Je serai estimé, *ou* estimée.

Tu seras estimé, *ou* estimée.

Il sera estimé, *ou* elle sera estimée.

Nous serons estimés, *ou* estimées.

Vous serez estimés, *ou* estimées.

Ils seront estimés, *ou* elles seront estimées.

Futur composé.

J'aurai été estimé, *ou* estimée.

Tu auras été estimé, *ou* estimée.

Il aura été estimé, *ou* elle aura été estimée.

Nous aurons été estimés, *ou* estimées.

Vous aurez été estimés, *ou* estimées.

Ils auront été estimés, *ou* elles auront été estimées.

CONDITIONNELS.

Présent.

Je serois estimé, *ou* estimée.

Tu serois estimé, *ou* estimée.

Il seroit estimé, *ou* elle seroit estimée.

Nous serions estimés, *ou* estimées.

Vous seriez estimés, *ou* estimées.

Ils seroient estimés, *ou* elles seroient estimées.

PASSÉ.

J'aurois été estimé, *ou* estimée.

Tu aurois été estimé, *ou* estimée.

Il auroit été estimé, *ou* elle auroit été estimée.

Nous aurions été estimés, *ou* estimées.

Vous aur ez été estimés, *ou* estimée ?

Ils auroient été estimés, *ou* elles auroient été estimées.

On dit aussi : *j'eusse été estimé, ou estimée, tu eusses été estimé, ou estimée, il eût été estimé, ou elle eût été estimée; nous eussions été estimés, ou estimées, vous eussiez été estimés, ou estimées, ils eussent été estimés, ou elles eussent été estimées.*

IMPÉRATIF.

(*Point de première personne au singulier.*)

Sois estimé, *ou* estimée.

Qu'il soit estimé, *ou* qu'elle soit estimée.

Soyons estimés, *ou* estimées.

Soyez estimés, *ou* estimées.

Qu'ils soient estimés, *ou* qu'elles soient estimées.

SUBJONCTIF.

PRÉSENT OU FUTUR.

Que je sois estimé, *ou* estimée.

Que tu sois estimé, *ou* estimée.

Qu'il soit estimé, *ou* qu'elle soit estimée.

Que nous soyons estimés, *ou* estimées.

Que vous soyez estimés, *ou* estimées.

Qu'ils soient estimés, *ou* qu'elles soient estimées.

IMPARFAIT.

Que je fusse estimé, *ou* estimée.

Que tu fusses estimé, *ou* estimée.

Qu'il fût estimé, *ou* qu'elle fût estimée.

Que nous fussions estimés, *ou* estimées.

Que vous fussiez estimés, *ou* estimées.

Qu'ils fussent estimés, *ou* qu'elles fussent estimées.

PRÉTÉRIT.

Que j'aie été estimé, *ou* estimée.

Que tu aies été estimé, *ou* estimée.

Qu'il ait été estimé, *ou* qu'elle ait été estimée.

Que nous ayons été esti-
més, *ou* estimées.
Que vous ayez été estimés,
ou estimées.
Qu'ils aient été estimés,
ou qu'elles aient été estimées.

PLUSQUE-PARFAIT.

Que j'eusse été estimé, *ou*
estimée.
Que tu eusses été estimé,
ou estimée.
Qu'il eût été estimé, *ou*
qu'elle eût été estimée.
Que nous eussions été es-
timés, *ou* estimées.
Que vous eussiez été estimés, *ou* estimées.
Qu'ils eussent été estimés,
ou qu'elles eussent été
estimées.

INFINITIF.

PRÉSENT.

Être estimé, *ou* estimée.

PRÉTÉRIT.

Avoir été estimé, *ou* estimée.

PARTICIPES.

PRÉSENT.

Étant estimé, *ou* estimée.

PASSÉ.

Ayant été estimé, *ou* estimée.

FUTUR.

Devant être estimé, *ou*
estimée.

Conjuguez de même les verbes passifs *être adoré*, *être uni*, *être aperçu*, *être entendu*, etc.

D. Les verbes passifs ont-ils un régime ?

R. Oui, et ce régime est ordinairement marqué par les prépositions *de* et *par*. Exemple : *l'homme vertueux est estimé* de *tout le monde; Abel fut tué* par son *frère Caïn*. N'employez jamais la préposition *par*

6

devant le nom *Dieu.* Dites : *le juste sera récompensé* de *Dieu*, et non *sera récompensé* par *Dieu.*

CONJUGAISON DES VERBES NEUTRES.

D. Comment se conjuguent les verbes neutres ?

R. Un bon nombre de verbes neutres se conjuguent avec l'auxiliaire *avoir*, comme *j'ai langui, j'avois parlé, j'aurois marché,* etc. D'autres se conjuguent avec l'auxiliaire *être*, comme *je suis arrivé, j'étois venu,* etc. Nous allons donner un modèle de conjugaison de ces derniers verbes.

INDICATIF.

PRÉSENT.

J'entre.
Tu entres.
Il *ou* elle entre.
Nous entrons.
Vous entrez.
Ils *ou* elles entrent.

IMPARFAIT.

J'entrois.
Tu entrois.
Il *ou* elle entroit.
Nous entrions.
Vous entriez.
Ils *ou* elles entroient.

PRÉTÉRIT DÉFINI.

J'entrai.
Tu entras.
Il *ou* elle entra.
Nous entrâmes.
Vous entrâtes.
Ils *ou* elles entrèrent.

PRÉTÉRIT INDÉFINI.

Je suis entré, *ou* entrée.
Tu es entré, *ou* entrée.

Il est entré, *ou* elle est entrée.

Nous sommes entrés, *ou* entrées.

Vous êtes entrés, *ou* entrées.

Ils sont entrés, *ou* elles sont entrées.

PRÉTÉRIT ANTÉRIEUR.

Je fus entré, *ou* entrée.

Tu fus entré, *ou* entrée.

Il fut entré, *ou* elle fut entrée.

Nous fûmes entrés, *ou* entrées.

Vous fûtes entrés, *ou* entrées.

Ils furent entrés, *ou* elles furent entrées.

PLUSQUE-PARFAIT.

J'étois entré, *ou* entrée.

Tu étois entré, *ou* entrée.

Il étoit entré, *ou* elle étoit entrée.

Nous étions entrés, *ou* entrées.

Vous étiez entrés, *ou* entrées.

Ils étoient entrés, *ou* elles étoient entrées.

FUTUR SIMPLE.

J'entrerai.

Tu entreras.

Il *ou* elle entrera.

Nous entrerons.

Vous entrerez.

Ils *ou* elles entreront.

FUTUR COMPOSÉ.

Je serai entré, *ou* entrée.

Tu seras entré, *ou* entrée.

Il sera entré, *ou* elle sera entrée.

Nous serons entrés, *ou* entrées.

Vous serez entrés, *ou* entrées.

Ils seront entrés, *ou* elles seront entrées.

CONDITIONNELS.

PRÉSENT.

J'entrerois.

Tu entrerois.

Il *ou* elle entreroit.

Nous entrerions.

Vous entreriez.

Ils *ou* elles entreroient.

PASSÉ.

Je serois entré, *ou* entrée.

Tu serois entré, *ou* entrée.

Il seroit entré, *ou* elle seroit entrée.

Nous serions entrés, *ou* entrées.

Vous seriez entrés, *ou* entrées.

Ils seroient entrés, *ou* elles seroient entrées.

On dit aussi : *je fusse entré*, ou *entrée*, *tu fusses entré*, ou *entrée*, *il fût entré*, ou *elle fût entrée ; nous fussions entrés*, ou *entrées*, *vous fussiez entrés*, ou *entrées*, *ils fussent entrés*, ou *elles fussent entrées*.

IMPÉRATIF.

(*Point de première personne au singulier.*)

Entre.
Qu'il *ou* qu'elle entre.
Entrons.
Entrez.
Qu'ils *ou* qu'elles entrent.

SUBJONCTIF.

Présent ou Futur.

Que j'entre.
Que tu entres.
Qu'il *ou* qu'elle entre.
Que nous entrions.
Que vous entriez.
Qu'ils *ou* qu'elles entrent.

Imparfait.

Que j'entrasse.
Que tu entrasses.
Qu'il *ou* qu'elle entrât.
Que nous entrassions.
Que vous entrassiez.
Qu'ils *ou* qu'elles entrassent.

Prétérit.

Que je sois entré, *ou* entrée.
Que tu sois entré, *ou* entrée.
Qu'il soit entré, *ou* qu'elle soit entrée.
Que nous soyons entrés, *ou* entrées.
Que vous soyez entrés, *ou* entrées.
Qu'ils soient entrés, *ou* qu'elles soient entrées.

Plusque-parfait.

Que je fusse entré, *ou* entrée.
Que tu fusses entré, *ou* entrée.
Qu'il fût entré, *ou* qu'elle fût entrée.
Que nous fussions entrés, *ou* entrées.
Que vous fussiez entrés, *ou* entrées.
Qu'ils fussent entrés, *ou* qu'elles fussent entrées.

INFINITIF.

Présent.

Entrer.

Prétérit.

Être entré, *ou* entrée.

PARTICIPES.

PRÉSENT.

Entrant.

PASSÉ.

Entré, entrée, étant en-
tré, entrée.

FUTUR.

Devant entrer.

Conjuguez de même les verbes *arriver*, *aller*, *tomber*, *sortir*, *partir*, *rester*, *naître*, *mourir*, *descendre*, *monter*, *passer*, *venir*, etc.

D. Les verbes neutres ne deviennent-ils pas quelquefois actifs?

R. Il y a des verbes neutres qui peuvent quelquefois s'employer *activement*, comme dans cette phrase : *c'est une personne qui parle bien sa langue;* le verbe neutre *parler* est pris dans une signification *active*.

CONJUGAISON DES VERBES RÉFLÉCHIS, RÉCIPROQUES ET PRONOMINAUX.

D. Ces trois sortes de verbes se conjuguent-elles de la même manière?

R. Oui. Les verbes *réfléchis, réciproques* et *pronominaux* se conjuguent avec l'auxiliaire *être*, et les pronoms de la même personne. Nous donnons pour modèle la conjugaison du verbe réfléchi *se conduire*.

INDICATIF.

Présent.

Je me conduis.
Tu te conduis.
Il *ou* elle se conduit.
Nous nous conduisons.
Vous vous conduisez.
Ils *ou* elles se conduisent.

Imparfait.

Je me conduisois.
Tu te conduisois.
Il *ou* elle se conduisoit.
Nous nous conduisions.
Vous vous conduisiez.
Ils *ou* elles se conduisoient.

Prétérit défini.

Je me conduisis.
Tu te conduisis.
Il *ou* elle se conduisit.
Nous nous conduisîmes.
Vous vous conduisîtes.
Ils *ou* elles se conduisirent.

Prétérit indéfini.

Je me suis conduit, *ou* conduite.
Tu t'es conduit, *ou* conduite.

Il s'est conduit, *ou* elle s'est conduite.
Nous nous sommes conduits, *ou* conduites.
Vous vous êtes conduits *ou* conduites.
Ils se sont conduits, *ou* elles se sont conduites.

Prétérit antérieur.

Je me fus conduit, *ou* conduite.
Tu te fus conduit, *ou* conduite.
Il se fut conduit, *ou* elle se fut conduite.
Nous nous fûmes conduits, *ou* conduites.
Vous vous fûtes conduits, *ou* conduites.
Ils se furent conduits, *ou* elles se furent conduites.

Plusque-parfait.

Je m'étois conduit, *ou* conduite.
Tu t'étois conduit, *ou* conduite.
Il s'étoit conduit, *ou* elle s'étoit conduite.
Nous nous étions conduits, *ou* conduites.

Vous vous étiez conduits, *ou* conduites.

Ils s'étoient conduits, *ou* elles s'étoient conduites.

FUTUR SIMPLE.

Je me conduirai.
Tu te conduiras.
Il *ou* elle se conduira.
Nous nous conduirons.
Vous vous conduirez.
Ils *ou* elles se conduiront.

FUTUR COMPOSÉ.

Je me serai conduit, *ou* conduite.
Tu te seras conduit, *ou* conduite.
Il se sera conduit, *ou* elle se sera conduite.
Nous nous serons conduits, *ou* conduites.
Vous vous serez conduits, *ou* conduites.
Ils se seront conduits, *ou* elles se seront conduites.

CONDITIONNELS.

PRÉSENT.

Je me conduirois.
Tu te conduirois.
Il *ou* elle se conduiroit.
Nous nous conduirions.
Vous vous conduiriez.
Ils *ou* elles se conduiroient.

PASSÉ.

Je me serois conduit, *ou* conduite.
Tu te serois conduit, *ou* conduite.
Il se seroit conduit, *ou* elle se seroit conduite.
Nous nous serions conduits, *ou* conduites.
Vous vous seriez conduits, *ou* conduites.
Ils se seroient conduits, *ou* elles se seroient conduites.

On dit aussi : *je me fusse conduit, ou conduite, tu te fusses conduit, ou conduite, il se fût conduit, ou elle se fût conduite ; nous nous fussions conduits, ou conduites, vous vous fussiez conduits, ou conduites, ils se fussent conduits, ou elles se fussent conduites.*

IMPÉRATIF.

(*Point de première personne au singulier.*)

Conduis-toi.
Qu'il *ou* qu'elle se conduise.
Conduisons-nous.
Conduisez-vous.
Qu'ils *ou* qu'elles se conduisent.

SUBJONCTIF.

Présent ou Futur.

Que je me conduise.
Que tu te conduises.
Qu'il *ou* qu'elle se conduise.
Que nous nous conduisions.
Que vous vous conduisiez.
Qu'ils *ou* qu'elles se conduisent.

Imparfait.

Que je me conduisisse.
Que tu te conduisisses.
Qu'il *ou* qu'elle se conduisît.
Que nous nous conduisissions.
Que vous vous conduisissiez.
Qu'ils *ou* qu'elles se conduisissent.

Prétérit.

Que je me sois conduit, *ou* conduite.
Que tu te sois conduit, *ou* conduite.
Qu'il se soit conduit, *ou* qu'elle se soit conduite.
Que nous nous soyons conduits, *ou* conduites.
Que vous vous soyez conduits, *ou* conduites.

Qu'ils se soient conduits, *ou* qu'elles se soient conduites.

Plusque-parfait.

Que je me fusse conduit, *ou* conduite.
Que tu te fusses conduit, *ou* conduite.
Qu'il se fût conduit, *ou* qu'elle se fût conduite.
Que nous nous fussions conduits, *ou* conduites.
Que vous vous fussiez conduits, *ou* conduites.
Qu'ils se fussent conduits, *ou* qu'elles se fussent conduites.

INFINITIF.

Présent.

Se conduire.

Prétérit.

S'être conduit, *ou* conduite.

PARTICIPES.

Présent.

Se conduisant.

Passé.

Conduit, s'étant conduit, *ou* conduite.

Futur.

Devant se conduire.

Conjuguez de même se *contenter*, se *féli-
citer*, *s'appuyer*, *s'ennuyer*, *s'abstenir*,
s'émouvoir, se *glorifier*, se *débattre*, *s'épa-
nouir*, *s'enfuir*, *s'entretenir*, se *moquer*, se
taire, se *plaindre*, se *méconnoître*, *s'en-
quérir*, se *prévaloir*, *s'asseoir*, *s'éteindre*,
etc.

CONJUGAISON DES VERBES

UNIPERSONNELS.

D. Comment se conjuguent les verbes
unipersonnels ?

R. Les verbes *unipersonnels* se conjuguent comme les autres verbes, excepté
qu'ils n'ont que la troisième personne du
singulier.

INDICATIF.

PRÉSENT.

Il importe.

IMPARFAIT.

Il importoit.

PRÉTÉRIT DÉFINI.

Il importa.

PRÉTÉRIT INDÉFINI.

Il a importé.

PRÉTÉRIT ANTÉRIEUR

Il eut importé.

PLUSQUE-PARFAIT.

Il avoit importé.

FUTUR SIMPLE.

Il importera.

FUTUR COMPOSÉ.

Il aura importé.

CONDITIONNELS.	PRÉTÉRIT.
PRÉSENT.	Qu'il ait importé.
Il importeroit.	PLUSQUE-PARFAIT.
PASSÉ.	Qu'il eût importé.
Il auroit importé.	INFINITIF.
SUBJONCTIF.	
PRÉSENT ou FUTUR.	PRÉSENT.
Qu'il importe.	Importer.
IMPARFAIT.	PARTICIPE PASSÉ.
Qu'il importât.	Ayant importé.

D. A quoi reconnoît-on qu'un verbe est **unipersonnel** ?

R. On reconnoît qu'un verbe est *uniper-sonnel*, quand à la place du mot *il*, on ne peut substituer un nom. Mais si le mot *il*, peut être remplacé par un nom, comme dans cette phrase, *il* parle, où l'on peut mettre l'*homme*, au lieu du mot *il*, et dire l'*homme parle*, le verbe *il parle* n'est point un *unipersonnel.*

CHAPITRE VI.

LE PARTICIPE.

D. Qu'est-ce que le participe ?

R. Le *participe* est un mot qui tient du verbe et de l'adjectif. Il tient du verbe, en ce qu'il en a la signification et le régime, comme *étudiant* une leçon ; leçon *étudiée* par l'élève. Il tient de l'adjectif, en ce qu'il *qualifie* une personne ou une chose, comme *vieillard honoré, vertu éprouvée.*

D. Combien y a-t-il de sortes de participes ?

R. Il y a deux sortes de participes : le participe présent, et le participe passé.

D. Comment se termine le participe présent ?

R. Il est toujours terminé en *ant*, comme *adorant, unissant, percevant, entendant.*

D. Le participe présent prend-il le genre et le nombre ?

R. Non. Le participe présent ne change

jamais. Exemples : *des hommes adorant Dieu ; des femmes* pleurant *leurs enfans.*

D. Cependant en parlant d'une femme, on dit, *je l'ai trouvée pleurante* ; et en parlant de plusieurs, *je les ai trouvées* pleurantes. N'est-ce pas là un participe présent au féminin, et au pluriel ?

R. Non. Il faut distinguer les *adjectifs verbaux* des participes présents. On appelle adjectifs *verbaux*, ceux qui viennent des *verbes*, comme *pleurant, pleurante ; charmant, charmante ; obligeant, obligeante*, etc. Ces adjectifs s'accordent avec les noms auxquels ils se rapportent ; mais les participes présens sont toujours invariables.

D. Comment distingue-t-on les adjectifs verbaux des participes présens ?

R. Pour distinguer les adjectifs verbaux des participes présens, il faut voir si ces mots ont un régime. S'ils ont un régime, ce sont des participes. S'ils n'ont point de régime, ce sont des adjectifs.

E x e m p l e s :

Cette femme est douce , affable , préve-
nant *tout le monde.*

Cette femme est douce, affable, prévenante.

Dans la première phrase, le mot *préve-
nant* est un participe , parce qu'il a un régime, *tout le monde.* Dans la seconde,
prévenante est un adjectif verbal , parce que
ce mot n'a point de régime.

Participe passé.

D. Quelle est la terminaison du participe passé ?

R. Le participe passé a plusieurs terminaisons, comme *adoré, uni, reçu, mis,
ouvert, écrit, joint, teint, exclus, mort.*

D. A combien de règles le participe
passé est-il soumis ?

R. Le participe passé , joint aux verbes
auxiliaires *être* ou *avoir*, est soumis à quatre règles.

D. Quelle est la première ?

R. Première règle. Le participe passé,

joint au verbe *être*, s'accorde toujours en genre et en nombre avec son nominatif ou sujet.

EXEMPLES:

Le procès a été gagné.	L'armée a été défaite.
Les procès ont été gagnés.	Les armées ont été défaites.
Le tonnerre est tombé.	La flotte est sortie.
La foudre est tombée.	Les flottes sont sorties.

Il n'y a point d'exception.

D. Quelle est la seconde règle?

R. *Deuxième règle.* Quand le participe passé est joint au *verbe avoir*, il ne s'accorde jamais avec son nominatif.

EXEMPLE:

Mon frère a dansé.	Ma sœur a dansé.
Mes frères ont dansé.	Mes sœurs ont dansé.

Le participe *dansé* ne change point, quoique le nominatif soit tantôt masculin, tantôt féminin, tantôt singulier, tantôt pluriel.

D. Quelle est la troisième règle?

R. *Troisième règle.* Le participe passé,

joint au verbe *avoir*, s'accorde avec son régime direct, quand ce régime le précède.

E X E M P L E S :

Les dons que nous avons reçus du ciel.

Les places que vous avez remplies.

Les aumônes qu'elle a répandues *dans
le sein des pauvres.*

Les fautes que j'ai commises *, je les ai*
expiées ?

Que de maux n'ai-je pas soufferts ?

D. Quelle est la quatrième règle ?

R. *Quatrième règle.* Le participe passé
joint au verbe *avoir*, ne s'accorde point
avec son régime, quand ce régime n'est
qu'après le participe.

E X E M P L E S.

| J'ai mangé un abricot. | J'ai mangé une pêche. |
| J'ai mangé des abricots. | J'ai mangé des pêches. |

Le participe *mangé* ne change point,
quoique le régime soit tantôt masculin,
tantôt féminin, tantôt singulier, tantôt pluriel, parce que ce régime n'est placé qu'a-
près le participe.

E

Participes passés des verbes réfléchis.

D. Quelle règle d'accord suit le participe passé d'un verbe réfléchi. ?

R. Lorsque le participe passé est celui d'un verbe réfléchi, il faut mettre le verbe *avoir* à a place du verbe *être* ; et si le pronom réfléchi est *régime direct*, le participe passé devra s'accorder avec ce pronom ; mais s'il n'est que régime indirect, le participe passé ne changera point, à moins qu'il ne soit précédé d'un autre régime direct.

E X E M P L E :

Ces peuples se sont donnés *au vainqueur.*

Je mets le verbe *avoir* à la place du verbe *être*, et je dis, ces *peuples ont donné* eux. Le pronom *se* est donc régime direct. Ainsi, je fais accorder le participe *donné* avec ce pronom qui se rapporte à *peuples*. J'écris donc *donnés* au masculin et au pluriel.

Mais dans cet exemple :

Quelques païens se sont donné *la mort.*

En mettant le verbe *avoir* à la place du verbe *être*, je dois dire *quelques païens ont*

(99)

donné à eux *la mort*. Donc *se* est ici régime indirect, et par conséquent le participe ne doit point varier. J'écris donc *donné*.

Mais s'il y a un autre régime direct avant ce participe, le participe s'accordera avec ce régime.

EXEMPLE :

La mort que quelques païens se sont donnée.

En mettant le verbe *avoir* au lieu du verbe *être*, je dis *la mort que quelques païens ont donnée* à eux. *Se* est régime indirect ; mais il y a un autre régime, *que* pour la mort. Et c'est avec ce régime que s'accorde le participe *donnée*.

Participes passés suivis d'un infinitif.

D. Quelle est la règle du participe passé suivi d'un verbe à l'infinitif ?

R. Lorsque le participe passé est suivi d'un verbe à l'infinitif, le régime qui précède les deux verbes peut être ou le régime du participe passé ou le régime du verbe à l'infinitif. S'il est le régime du participe passé, le participe doit s'accorder avec ce régime ;

E 2

mais s'il est le régime du verbe à l'infinitif,
le participe passé ne changera point.

On reconnoît que le régime qui précède
les deux verbes, est celui du participe,
quand on peut mettre ce régime immédiatement après le participe, et changer l'infinitif qui suit en participe présent.

EXEMPLE:

L'actrice que j'ai vue *jouer.*

Pour savoir si le *que*, placé avant les deux
verbes, est le régime du participe, j'essaie
de mettre le substantif que ce *que* repré-
sente, immédiatement après le participe,
et de changer l'infinitif qui suit en participe
présent. On peut en effet dire : *j'ai vu
l'actrice jouant ;* donc le *que* est le régime
du participe, je dois alors écrire *vue.*

Mais dans cette phrase : *la pièce que j'ai
vu jouer ,* je ne puis pas dire : *j'ai vu la
pièce jouant.* Le *que* n'est donc pas le régime du participe *vu.* Ce participe est donc
ici invariable.

CHAPITRE VII.

LA PRÉPOSITION.

D. Qu'est-ce que la préposition ?

R. La *préposition* est un mot *invariable* qui sert à marquer les rapports que les choses ont entr'elles.

Les prépositions ont un régime ou complément.

Voici le tableau des principales prépositions :

TABLEAU DES PRÉPOSITIONS.

A.	En.	Pendant.
A cause de.	En deçà de , de	Pour.
Après.	deçà , par deçà.	Près de.
Attendu *ou* vu.	Entre.	Proche.
Auprès, d'après.	Envers *ou* à l'égard.	Quant à.
Autour.	Environ.	Sans.
Avant.	Excepté.	Sauf.
Avec, d'avec.	Hormis.	Selon.
Chez.	Hors.	Sous.
Contre.	Jusque, jusques.	Suivant.
Dans.	Loin de.	Sur.
De.	Le long de.	Touchant *ou*
Delà, au-delà, de	Malgré.	concernant.
delà, par delà.	Moyennant.	. . . .
Depuis.	Nonobstant.	
Derrière.	Outre.	. . . .
Dès.	Par.	Vers.
Devant.	Par-devers.	Vis-à-vis.
Durant.	Parmi.	Voici.
		Voilà.

CHAPITRE VIII.

L'ADVERBE.

D. Qu'est-ce que l'adverbe ?

R. L'*adverbe* est un mot *invariable* qui se joint au verbe ou à l'adjectif, pour en exprimer quelque circonstance.

D. Combien distinguez-vous de sortes d'*adverbes* ?

R. Nous distinguons principalement six sortes d'*adverbes*, savoir, les adverbes de manière, d'ordre, de temps, de lieu, de quantité et de comparaison.

1°. Les adverbes *de manière*, comme *poliment, doucement, modestement,* etc.

2°. Les adverbes d'*ordre : premièrement, secondement, d'abord, ensuite, auparavant, après,* etc.

3°. Les adverbes *de temps : hier, avant-hier, aujourd'hui, demain, après-demain, autrefois, bientôt, souvent, toujours, jamais,* etc.

4°. Les adverbes *de lieu* : *où, ici, là*, *près, loin, ailleurs, par-tout, auprès, dedans, dehors, dessus*, etc.

5°. Les adverbes *de quantité* : *beaucoup, peu, guère, assez, trop, combien, que, bien, davantage, si*, etc.

6°. Les adverbes *de comparaison* : *plus, moins, autant, aussi*, etc.

D. Vous avez défini l'adverbe *un mot invariable*. N'y a-t-il point des adverbes composés de plusieurs mots ?

R. Il y a des adverbes composés de plusieurs mots, et que l'on appelle *locutions adverbiales*, comme : *à contre - temps, à contre-sens, mal à propos, tout à coup, tout à l'heure, tout-à-fait*, etc.

D. Comment distingue-t-on l'adverbe de la préposition ?

R. On distingue l'adverbe de la préposition, en ce que la préposition a un régime, et que l'adverbe n'en peut point avoir.

~~~~~~~~~~~~~~~~~~~~~~~~~~~~~~~~~~~~~~

CHAPITRE IX.

LA CONJONCTION.

D. Qu'est-ce que la conjonction?

R. La *conjonction* est un mot *invariable* qui sert à lier ensemble les diverses parties de la phrase.

D. Combien distinguez-vous de sortes de conjonctions?

R. Nous partageons les conjonctions en neuf classes; savoir, les copulatives, les adversatives, les disjonctives, les explicatives, les circonstancielles, les conditionnelles, les causatives, les transitives et les déterminatives.

Copulatives.... $\left\{\begin{array}{l}\text{et.}\\\text{que.}\\\text{ni.}\\\text{aussi.}\end{array}\right.$

Adversatives... $\left\{\begin{array}{l}\text{mais.}\\\text{quoique.}\\\text{toutefois.}\\\text{bien que.}\\\text{néanmoins.}\\\text{cependant.}\\\text{pourtant.}\end{array}\right.$
~~~~~~~~~~~~~~~~~~~~~~~~~~~~~~~~~~~~~~

Disjonctives. . .	{	ou. soit.
Explicatives. . . .	{	savoir. c'est-à-dire. comme.
Circonstantielles.	{	lorsque. quand. tandis que. durant que. pendant que. tant que. comme. dès que. avant que. après que. depuis que. jusqu'à ce que, etc.
Conditionnelles.	{	si. sinon. à moins que. en cas que. pourvu que. à condition que. supposé que. si ce n'est que. sans quoi.
Causatives.	{	car. puisque. vu que. attendu que.

5

Causatives . . . . {
parce que.
à cause que.
d'autant que.
dès que.
pourquoi.
c'est pourquoi.
afin de.
afin que.
de peur que.
de crainte que.

Transitives . . . {
or.
donc.
par conséquent.
en effet.
au reste.
à propos.
ainsi.
de plus.
d'ailleurs.
outre que.
encore.

Déterminatives.... | que.

CHAPITRE X.

L'INTERJECTION.

D. Qu'est-ce que l'interjection?

R. L'*interjection* est un mot *invariable* qui sert à exprimer les divers sentiments de l'ame.

La joie : *ah! bon!*
La douleur : *ah! hélas!*
La crainte : *ha! hé!*
L'aversion : *fi! fi donc!*
L'admiration : *oh!*
Pour encourager : *çà; allons; courage.*
Pour appeler : *holà! hé!*
Pour faire taire : *chut; paix.*

SUPPLÉMENT.

NOMS COMPOSÉS.

D. Comment se forme le pluriel dans les noms composés?

R. 1°. Si le nom est composé de deux

6

substantifs , ils prennent tous deux la marque du pluriel. Exemple : *un chef-lieu , des chefs-lieux*.

2°. Quand le nom est composé d'un subs-tantif et d'un adjectif, ils prennent aussi tous deux la marque du pluriel. Exemples : *un arc-boutant, des arcs-boutants ; un bout-rimé, des bouts-rimés ,* etc.

3°. Si le nom est composé d'un substantif joint à une préposition , le substantif seul prend la marque du pluriel. Exemples : *une contre-danse, des contre-danses ; un avant-coureur, des avant-coureurs,* etc.

4°. Quand le nom est formé de deux subs-tantifs unis par une préposition , le pre-mier substantif prend seul la marque du pluriel. Exemples : *un arc-en-ciel, des arcs-en-ciel ; un chef-d'œuvre , des chefs-d'œu-vre,* etc.

5°. Si le nom gest comosé d'un substantif et d'un verbe , le substantif prend seul la marque du pluriel. Exemples : *un abat-vent, des abat-vents ; un tire-bouchon , des tire-bouchons.*

(109)

Adjectifs numéraux.

D. Quelle règle suivent les adjectifs numéraux *cent* et *vingt*?

R. Les adjectifs de nombre *cent* et *vingt*, em-
ployés au pluriel, prennent *s*, quand ils sont
suivis d'un substantif ; mais ils ne prennent
point *s*, quand ils sont suivis d'un autre
adjectif de nombre. Exemples : *deux* cents
hommes, deux cent *trois hommes ; quatre-*
vingts *francs, quatre*-vingt-*deux* francs.

D. Quelle règle suit l'adjectif *demi*?

R. L'adjectif *demi*, placé devant le substantif, n'en prend point le genre, et se
joint à ce substantif par un trait d'union :
une demi-*heure* ; mais si *demi* est après le
substantif, il en prend le genre : *une heure*
et demie.

D. Quelle est la règle de l'adjectif *mille*?

R. Pour la date des années, on écrit *mil* :
nous sommes en l'an mil *huit cent seize.*
Par-tout ailleurs on écrit *mille*, qui ne prend
jamais *s* : *trois* mille *francs ; la retraite des*
dix mille.

Règle de QUELQUE... QUE.

D. A combien de règles *quelque que* est-il soumis ?

R. A trois.

1°. S'il y a un substantif pluriel entre *quelque* et *que*, *quelque* prend le nombre de ce substantif, et fait la fonction d'adjectif. Exemple : quelques *biens que vous possédiez*, etc.

2°. S'il y a un adjectif pluriel entre *quelque* et *que*, *quelque* reste invariable, et fait la fonction d'adverbe. Exemple : quelque *savants que soient ces hommes*, etc.

3°. Quand *quel que* est suivi immédiatement d'un verbe au subjonctif, il faut l'écrire en deux mots séparés, *quel* ou *quelle que*, *quels* ou *quelles que* ; exemple : quels que *soient vos talents*, quelles que *soient vos richesses, soyez toujours modeste.*

Règle de TOUT.

D. A combien de règles est soumis le mot *tout* ?

(111)

R. Tout, employé pour la conjonction *quoique*, ou pour l'adverbe *entièrement*, est soumis à trois règles.

1°. *Tout*, devant un adjectif masculin pluriel, ne change point ; exemple : *ces hommes*, tout *instruits*, tout *savants même qu'ils sont, ignorent encore bien des choses.*

2°. *Tout*, devant un adjectif féminin qui commence par une consonne , prend le genre et le nombre de cet adjectif ; exemples : *cette société*, toute *savante qu'elle est, ces sociétés*, toutes *savantes qu'elles sont*, etc. *des femmes*, toutes *pénétrées de douleur*, etc.

3°. *Tout*, devant un adjectif féminin qui commence par une voyelle , ne change point ; exemples : *une femme* tout *éplorée ; des femmes* tout *éplorées ; la flotte* tout *entière a péri.*

C'est moi, c'est toi, ce sont eux.

D. Quelle règle suit le pronom *ce* devant le verbe *être* ?

R. Le pronom *ce*, placé devant le verbe *être*, régit ce verbe à la troisième personne du singulier, devant les pronoms personnels *moi*, *toi*, *nous*, *vous*. Exemples : c'est *moi* qui *l'ai voulu* ; c'est *toi* qui *l'as voulu* ; c'est *nous* qui *l'avons voulu* ; c'est *vous* qui *l'avez voulu.*

Mais le verbe *être* se met à la troisième personne du pluriel, lorsqu'il est suivi des pronoms personnels *eux*, *elles*, ou d'un substantif pluriel. Exemple : ce sont *eux*, ce sont *elles*, ce sont *vos amis qui l'ont voulu.*

Le, la, les, *tantôt articles, tantôt pronoms.*

D. Que remarquez-vous sur *le*, *la*, *les* ?

R. *Le*, *la*, *les*, sont quelquefois articles, et quelquefois pronoms. Ils sont *articles*, quand ils sont placés devant les substantifs ; ils sont *pronoms*, quand ils se trouvent devant les verbes. Exemple : *j'ai rencontré* les *hommes dont vous m'avez parlé, et je* les *ai salués.* Le premier *les* est *article*, parce qu'il est devant le nom *hommes* ; le second est *pronom*, parce qu'il se trouve devant le verbe *j'ai salué.*

Emploi des Prétérits.

D. Le *prétérit défini* et le *prétérit indéfini* s'emploient-ils indifféremment l'un pour l'autre ?

R. Non. Le *prétérit défini* ne doit s'employer qu'en parlant d'un temps absolument écoulé, et dont il ne reste plus aucune partie à s'écouler. Exemples : *je remportai deux prix l'an passé*; *je reçus deux lettres la semaine dernière;* j'écrivis *hier une lettre à mon oncle.* Mais on ne peut point dire : *je fis beaucoup de progrès cette année ; je* reçus *deux lettres cette semaine ;* j'écrivis *une lettre ce matin,* parce que l'année, la semaine, la journée, ne sont pas encore passées. Il faut dire : j'ai fait *beaucoup de progrès cette année ;* j'ai reçu *deux lettres cette semaine;* j'ai écrit *une lettre ce matin.*

Mais le *prétérit indéfini* s'emploie indifféremment pour un temps passé, soit qu'il en reste encore une partie à écouler ou non. On dit bien : j'ai reçu *une lettre hier, la semaine passée ;* j'ai remporté *deux prix l'an passé.*

Concordance des temps des verbes.

D. A quel temps du subjonctif faut-il mettre le verbe qui suit la conjonction *que ,* quand cette conjonction régit le subjonctif?

R. *Première règle.* Si le premier verbe est au *présent* ou au *futur ,* mettez le second au présent du subjonctif.

EXEMPLES :

Je désire   }   que vous veniez à bout de
Je désirerai toujours }   cette entreprise.

Deuxième règle. Quand le premier verbe est à *l'imparfait ,* à l'un des *prétérits ,* au *plusque-parfait ,* ou bien à l'un des *conditionnels ,* le second verbe doit se mettre à l'imparfait du subjonctif.

EXEMPLES :

Je désirois
Je désirai
J'ai désiré
J'avois désiré   } que vous vinssiez à bout de votre
Je désirerois   entreprise.
J'aurois désiré
J'eusse désiré

Près de , prêt à.

D. Quelle différence y a-t-il entre *près de*, et *prêt à*?

R. *Près de* est une préposition qui signifie *sur le point de. Prêt à* est un adjectif qui signifie *disposé à.* On dit : *il est* près de *tomber*, et non point, prêt à *tomber*.

En campagne , à la campagne.

D. Quelle différence y a-t-il entre *être* en campagne et *être* à la campagne?

R. *Étre en campagne* ne doit se dire que des troupes : *l'armée est en campagne.* Mais *être à la campagne* se dit de ceux qui quittent la ville pour aller à la campagne : *Nous passerons l'automne à la campagne.*

DE L'ORTHOGRAPHE.

D. Qu'est-ce que l'orthographe ?

R. L'*orthographe* est la manière d'écrire tous les mots d'une langue.

Orthographe des Substantifs.

D. Quels sont les substantifs dont l'orthographe présente le plus de difficulté?

R. Ce sont ceux qui sont terminés en *ace* et en *asse* ; en *ance*, et en *ence* ; en *èce* et en *esse* ; en *ice* et en *isse* ; en *sion*, *ction*, *xion*, *tion*, etc.

D. Quels sont les substantifs en *ace*, quels sont ceux en *asse* ?

R. Substantifs en ace. *Substantifs en* asse.

Substantifs en ace.	Substantifs en asse.
Audace.	Agasse.
Besace.	Bécasse.
Bonace.	Brasse.
Contumace.	Calebasse.
Dédicace.	Carcasse.
Face.	Casse.
Glace.	Chasse.
Grimace.	Chiasse.
Limace.	Crasse.
Menace.	Crevasse.
Place.	Cuirasse.
Populace.	Culasse.
Préface.	Filasse.
Race.	Liasse.
Surface.	Masse.
Trace.	Milliasse.

(117)
Substantifs en asse.

Villace.
Paillasse.
Paperasse.
Potasse.
Tasse.
Tignasse.
Terrasse.

D. Quels sont les substantifs en *ance*, quels sont ceux en *ence* ?

R. *Substantifs en* ance. *Substantifs en* ence.

Abondance.	Absence.
Accoutumance.	Abstinence.
Aisance.	Adhérence.
Allégeance.	Adolescence.
Alliance.	Affluence.
Arrogance.	Agence.
Assistance.	Apparence.
Assurance.	Appétence.
Avance.	Audience.
Balance.	Cadence.
Bienfaisance.	Circonférence.
Bienséance.	Clémence.
Bienveillance.	Compétence.

Substantifs en ance.	*Substantifs en* ence.
Bombance.	Concupiscence.
Chance.	Concurrence.
Circonstance.	Conférence.
Clairvoyance.	Confidence.
Complaisance.	Conscience.
Concordance.	Conséquence.
Condescendance.	Continence.
Condoléance.	Contingence.
Confiance,	Convalescence.
Connoissance.	Convergence.
Consonnance.	Corpulence.
Constance.	Crédence.
Contenance.	Décadence.
Convenance.	Déférence.
Correspondance.	Différence.
Créance.	Diligence.
Croissance.	Dissidence.
Croyance.	Divergence.
Décevance.	Effervescence.
Déchéance.	Éloquence.
Défaillance.	Éminence.
Défiance.	Équipollence.
Délivrance.	Essence.

Substantifs en ance.	Substantifs en ence.
Dépendance.	Évidence.
Déplaisance.	Excellence.
Descendance.	Exigence.
Désobéissance.	Existence.
Disconvenance.	Expérience.
Discordance.	Faïence.
Distance.	Fréquence.
Doléance.	Impatience.
Échéance.	Impénitence.
Élégance.	Impertinence.
Enfance.	Imprudence.
Engeance.	Impudence.
Espérance.	Incidence.
Extravagance.	Inclémence.
Exubérance.	Incohérence.
Finance.	Incompétence.
Garance.	Inconséquence.
Ignorance.	Incontinence.
Importance.	Indécence.
Impuissance.	Indifférence.
Inadvertance.	Indigence.
Inconstance.	Indolence.
Indépendance.	Indulgence.

Substantifs en ance.	*Substantifs en* ence.
Inobservance.	Inexpérience.
Insouciance.	Influence.
Instance.	Inhérence.
Insuffisance.	Innocence.
Intempérance.	Insolence.
Intendance.	Intelligence.
Jactance.	Intermittence.
Jouissance.	Irrévérence.
Laitance.	Jurisprudence.
Lance.	Licence.
Lieutenance.	Magnificence.
Malveillance.	Mésintelligence.
Manigance.	Munificence.
Mécréance.	Négligence.
Médisance.	Obédience.
Méfiance.	Occurrence.
Mésalliance.	Opulence.
Messéance.	Patience.
Mouvance.	Pénitence.
Naissance.	Permanence.
Nonchalance.	Pestilence.
Nuance.	Potence.
Obéissance.	Prééminence.

Substantifs en ance.	*Substantifs en* ence.
Observance.	Préexistence.
Ordonnance.	Préférence.
Outrance.	Prescience.
Persévérance.	Présence.
Pétulance.	Présidence.
Pitance.	Providence.
Plaisance.	Prudence.
Prépondérance.	Quintessence.
Préséance.	Régence.
Prestance.	Réminiscence.
Prévoyance.	Résidence.
Prévenance.	Résipiscence.
Protubérance.	Réticence.
Puissance.	Révérence.
Quittance.	Science.
Reconnoissance.	Semence.
Redevance.	Sentence.
Rédondance.	Silence.
Réjouissance,	Transparence.
Remontrance.	Turbulence.
Renaissance.	Véhémence,
Repentance.	Violence.
	Urgence.

F

Substantifs en ance..

Répugnance.   Résistance.
Ressemblance.   Séance.
Souvenance   Stance.
Subsistance.   Substance.
Surabondance.   Surintendance.
Surséance.   Survenance.
Survivance.   Tempérance.
Tendance.   Tolérance.
Transcendance.   Vacance.
Vaillance.   Vengeance.
Vigilance.

D. Quels sont les substantifs en *èce*, quels sont ceux en *esse?*

R. Excepté les substantifs *espèce, nièce, pièce* et vesce (*pois*), tous les autres s'écrivent par *esse, adresse, richesse*, etc.

D. Quels sont les substantifs en *ice*, quels sont ceux en *isse?*

R. Excepté *bâtisse, coulisse, cuisse, éclipse, éclisse, esquisse, mélisse, jaunisse, pelisse, pythonisse, réglisse, saucisse,* écrivez par *ice* tous les substantifs de cette prononciation.

(123)

D. Quelles difficultés présentent les noms
en *sion*, *tion*, *cion*, etc. ?

R. Les noms terminés de cette sorte
peuvent embarrasser les élèves, en ce que
l'oreille n'indique point s'il faut les écrire
par *tion*, *sion*, ou *cion*. Il n'y a que le
substantif *suspicion* qui se termine par *cion*.
Les noms suivants se terminent par *sion*.
Vous terminerez tous les autres par *tion*.

Accession.	Diversion.	Pension.
Adhésion.	Emission.	Percussion.
Admission.	Excursion.	Progression.
Agression.	Explosion.	Persuasion.
Animadversion.	Expression.	Procession.
Appréhension.	Expulsion.	Profession.
Ascension.	Extension.	Profusion.
Aspersion.	Extorsion.	Progression.
Aversion.	Immersion.	Rémission.
Cession.	Impression.	Répréhension.
Compassion.	Impulsion.	Rétrocession.
Compression.	Intercession.	Soumission.
Conclusion.	Intermission.	Submersion.
Confession.	Interversion.	Subversion.
Confusion.	Jussion.	Succession.
Convulsion.	Mission.	Transgression.
Digression.	Occasion.	Version.
Dimension.	Omission.	Vision.

F 2

D. Quels sont les noms terminés en *xion* ?

R. Ce sont : *complexion* , *connexion* , *fluxion* , *génuflexion* , *inflexion* , *réflexion*.

D. Que remarquez-vous sur la finale *eur* ?

R. De tous les substantifs masculins et féminins terminés en *eur*, il n'y a que *l.eure*, *demeure* , *beurre* , et *leurre* , qui se terminent par un *e* muet.

D. Que remarquez-vous sur la lettre *x* ?

R. L'*e*, qui précède *x*, ne prend jamais d'accent : *sexe* , *circonflexe* , *Alexandre* , etc.

D. Que remarquez-vous sur les noms propres ?

R. Tous les noms propres d'hommes, de villes, de pays, de rivières, etc. , doivent commencer par une lettre capitale. Exemples : *César* , *Rome* , la *France* , le *Pô* , etc. Le nom *Dieu* doit aussi commencer par une lettre majuscule.

ORTHOGRAPHE DES VERBES.

Présent de l'indicatif.

D. Quelle règle d'orthographe suit le présent de l'indicatif?

R. La première personne du singulier est toujours terminée par *s*, à moins qu'elle ne le soit par un *e* muet, ou par un *x*. Exemple : je *bois*, j'*écris*, je *joue*, je *veux*, je *vaux*.

La seconde personne est toujours terminée par *s*, excepté dans les verbes où la première finit par *x* : tu *bois*, tu *joues*, tu *veux*.

La troisième est semblable à la première, quand celle-ci est terminée par un *e* muet; mais quand la première personne finit par *es*, *as*, *ts*, on retranche *s* à la troisième, et, dans tous les autres cas, *s* se change en *t*. Exemple: il *joue*; il *convainc*; il *entreprend*; il *bat*; il *unit*.

Imparfait.

D. Quelle est la terminaison des personnes de l'imparfait de l'indicatif?

R. Elles se terminent toujours en *ois,* *ois, oit,* pour le singulier ; et en *ions, iez, oient,* pour le pluriel. Exemple : je *jouois,* tu *jouois,* il *jouoit ;* nous *jouions,* vous *jouiez,* ils *jouoient,* etc.

Prétérit défini.

D. Combien le prétérit défini a-t-il de terminaisons ?

R. Il a quatre terminaisons,

1°. *Ai, as, a, âmes, âtes, èrent*
2°. *Is, is, it, îmes, îtes, irent.*
3°. *Us, us, ut, ûmes, ûtes, urent.*
4°. *Ins, ins, int, înmes, întes, inrent.*

EXEMPLES :

Je *jouai,* tu *jouas,* il *joua,* nous *jouâmes,* vous *jouâtes,* ils *jouèrent ;* j'*unis,* tu *unis,* il *unit,* nous *unîmes,* vous *unîtes,* ils *unirent ;* j'*aperçus,* tu *aperçus,* il *aperçut,* nous *aperçûmes,* vous *aperçûtes,* ils *aperçurent ;* je *soutins,* tu *soutins,* il *soutint,* nous *soutînmes,* vous *soutîntes,* ils *soutinrent.*

Futur simple.

D. Comment se terminent les personnes du futur simple ?

R. Elles sont toujours terminées en *rai*, *ras*, *ra*, pour le singulier ; et en *rons*, *rez*, *ront*, pour le pluriel. Exemple : je *jouerai*, tu *joueras*, il *jouera*, nous *jouerons*, vous *jouerez*, ils *joueront*. Il n'y a que les verbes de la première conjugaison qui prennent un *e* muet avant l'*r* au futur et au conditionnel. Ainsi, n'écrivez point : je *perceverai*, je *venderai*, etc.

Conditionnel présent.

D. Quelle est la terminaison des personnes du conditionnel ?

R. Le conditionnel se termine toujours ainsi : *rois*, *rois*, *roit*, pour le singulier, *rions*, *riez*, *roient*, pour le pluriel. Exemple: je *jouerois*, tu *jouerois*, il *joueroit*, nous *jouerions*, vous *joueriez*, ils *joueroient*.

Présent du subjonctif.

D. Comment se termine le présent du subjonctif ?

4.

(128)

R. Il se termine en *e* , *es* , *e* , pour le singulier, et en *ions* , *iez* , *ent* , pour le pluriel.
Exemple : que je *joue* , que tu *joues* , qu'il
joue , que nous *jouions* , que vous *jouiez* ,
qu'ils *jouent*.

Imparfait du subjonctif.

D. Combien l'imparfait du subjonctif a-t-il
de terminaisons ?

R. Il a quatre terminaisons, savoir :

1°. *Asse* , *asses* , *ât* , *assions* , *assiez* , *assent*.

2°. *Isse* , *isses* , *it* , *issions* , *issiez* , *issent*.

3°. *Usse* , *usses* , *ût* , *ussions* , *ussiez* ,
ussent.

4°. *Insse* , *insses* , *înt* , *inssions* , *inssiez* ,
inssent.

EXEMPLES :

Que je *jouasse* , que tu *jouasses* , qu'il
jouât , que nous *jouassions* , que vous *jouas-
siez* , qu'ils *jouassent*.

Que j'*unisse* , que tu *unisses* , qu'il *unît* ,
que nous *unissions* , que vous *unissiez* , qu'ils
unissent.

Que j'*aperçusse* , que tu *aperçusses* , qu'il

aperçût, que nous *aperçussions*, que vous *aperçussiez*, qu'ils *aperçussent*.

Que je *soutinsse*, que tu *soutinsses*, qu'il *soutînt*, que nous *soutinssions*, que vous *soutinssiez*, qu'ils *soutinssent*.

ORTHOGRAPHE DES PRONOMS, DES ADVERBES, etc.

Leur, leurs.

D. Quand faut-il mettre une *s* au mot *leur*?

R. *Leur* prend une *s*, quand il est devant un substantif pluriel, ou qu'il est précédé des articles *les*, *des*, *aux*. Exemple : *les hommes ont* leurs *défauts*, *et les femmes ont les leurs*. Mais quand *leur* est devant un verbe, il ne prend jamais *s*. Exemple : *je leur ai rendu de grands services*. Il n'y a que les gens dépourvus d'instruction qui disent : *je leurs ai rendu*.

Notre, votre, nôtre, vôtre.

D. Quand doit-on mettre un accent circonflexe sur l'*o* de *notre, votre?*

(130)

R. On met un accent circonflexe sur l'*o*
de *notre, votre,* lorsque ces mots sont des
pronoms ; ils sont alors précédés des articles *le, la, les, du, des, au, aux.* Mais
on ne met point d'accent sur l'*o,* quand
ces mots sont des *adjectifs :* alors ils sont
placés devant un substantif. Exemple: notre
cheval est malade, prêtez-nous le *vôtre.*
Nous avons écouté votre *défense, vous de-*
vez entendre la *nôtre.*

Là, la.

D. Quand met-on un accent grave sur l'*a*
du mot *la ?*

R. On met un accent grave sur l'*a* de
l'adverbe *là. Pourquoi alliez - vous* là ?
On n'en met point sur l'*a* de *la* article
ou pronom : *j'aime* la *vérité, je* la *dirai tou-*
ours.

Ou , où.

D. Quand doit-on mettre un accent grave
sur l'*u* de *ou ?*

R. On met un accent grave sur l'*u* de *ou,*
quand ce mot est un adverbe ou un pro-

nom : où *suis-je ? Le siècle* où *vécut Esope.*
On n'en met point, quand *ou* est conjonction : *aujourd'hui* ou *demain.*

A , à.

D. Quand mettez-vous un accent grave
sur *a* ?

R. Nous mettons un accent grave sur *a ,*
quand il est préposition : *passer son temps à
jouer.* On n'en met point sur *a*, troisième
personne du verbe *avoir : il a joué au lieu
d'étudier.*

Du , dû.

D. Quand met-on un accent circonflexe
sur l'*u* de *du ?*

R. On met un accent circonflexe sur l'*u*
du participe passé masculin singulier du
verbe *devoir : rendez à chacun ce qui lui
est dû.* On n'en met point sur l'*u* de l'article composé *du : la raison du plus fort est
toujours la meilleure.*

De l'apostrophe.

D. Qu'est-ce que l'*apostrophe* ?

R. L'*apostrophe* est le retranchement d'une voyelle à la fin d'un mot, pour la facilité de la prononciation ; le signe de ce retranchement est une virgule que l'on met au haut de la consonne à la place de la lettre supprimée, comme dans l'*état*, l'*hiver*, etc.

D. Quelles sont les lettres qui se retranchent ainsi dans l'écriture ?

R. Ce sont *a*, *e*. L'*i* se retranche dans la conjonction *si* devant *il*, *ils* : *je ne sais* s'il *viendra*, s'ils *viendront*, etc.

Du tréma.

D. Qu'appelle-t-on *tréma?*

R. On appelle ainsi deux points placés sur les voyelles *i*, *u*, *e*, quand ces lettres doivent être prononcées séparément de la voyelle qui précède, comme *naïf*, *Saül*, *ciguë*. Si vous ôtiez le tréma, *ciguë* se prononceroit comme *figue*.

De la parenthèse.

D. Qu'est-ce que vous appelez *parenthèse?*

(133)

R. Ce sont deux crochets () dans lesquels on renferme quelques mots détachés. Ex. :

Que peuvent contre lui (contre Dieu) *tous les rois de la terre ?*

Du trait d'union.

D. Que marque le *trait d'union*?

R. Il marque la liaison entre deux ou plusieurs mots qui n'en deviennent qu'un par le sens. Ex. un *chef-d'œuvre*, un *arc-en-ciel*.

D. Quand emploie-t-on encore le trait d'union.

R. On l'emploie encore après le verbe suivi d'un pronom qui lui sert de nominatif : *irai-je*, *viendrez-vous* ; et après la première et la seconde personne de l'impératif, quand elles sont suivies des pronoms *moi*, *toi*, *le*, *la*, *lui*, *leur*, *en*, *y*, etc. *Donnez-moi, prêtez-lui, allez-y*, etc.

De la Ponctuation.

D. Qu'est-ce que la *ponctuation*?

R. La *ponctuation* est l'art d'indiquer

dans l'écriture , la proportion des pauses
que l'on doit faire en parlant.

D. Combien la ponctuation a t-elle de
signes ?

R. Elle en a six , qui sont la virgule (,),
le point et la virgule (;), les deux points (:),
le point absolu (.), le point interrogant (?),
et le point exclamatif (!).

D. Quel est l'emploi de la virgule?

R. La *virgule* marque la plus petite des
pauses ; elle se met entre les *substantifs* , les
adjectifs et les *verbes* qui se suivent.

EXEMPLES :

La *génisse* , la *chèvre* , et leur sœur la *brebis* ,
Avec un fier lion , seigneur du voisinage. ,
Firent société. . . . . .

(LA FONTAINE.)

Dans un chemin *montant* , *sablonneux* , *mal-aisé* ,
Et de tous les côtés au soleil *exposé* ,
Six forts chevaux tiroient un coche.

(Le même.)

L'attelage *suoit* , *souffloit* , *étoit rendu.*

(Le même.)

(135)

D. La virgule n'a-t-elle point d'autre usage ?

R. On s'en sert encore pour distinguer les différentes parties d'une phrase.

EXEMPLE :

L'un vouloit le garder ,
L'autre le vouloit vendre.

(LA FONTAINE , fab. *des voleurs et de l'âne.*)

Enfin , on place entre deux virgules le nom de la personne à qui l'on adresse la parole.

EXEMPLE :

Il ne tiendra qu'à vous , *beau sire,*
D'être aussi gras que moi , lui repartit le chien.
(LA FONTAINE.)

D. Que marque le point avec la virgule ?

R. Le *point* avec la *virgule* marque une pause un peu plus longue que la pause indi-quée par la virgule : on le met entre deux phrases dont la seconde dépend de la pre-mière.

EXEMPLE :

A ces mots le corbeau ne se sent pas de joie ;
Et, pour montrer sa belle voix ,
Ouvre un large bec , laisse tomber sa proie.
(LA FONTAINE)

D. Quel est l'usage des deux points ?

R. Les *deux points* marquent une pause encore un peu plus longue ; on s'en sert , 1°. quand on passe à un discours direct qu'on rapporte ; 2°. après une phrase finie , mais suivie d'une autre qui l'éclaircit ou qui l'étend. Ce double usage est marqué dans l'exemple suivant.

EXEMPLE :

Le renard s'en saisit , et dit : mon bon monsieur ,
    Apprenez que tout flatteur
  Vit aux dépens de celui qui l'écoute :
  Cette leçon vaut bien un fromage sans doute.

          (LA FONTAINE.)

D. Quel est l'usage du point absolu ;

R. Le *point absolu* marque la plus longue de toutes les pauses ; on le met après un sens entièrement fini.

EXEMPLE :

La raison du plus fort est toujours la meilleure.

D. Quand faut-il employer le point interrogant ?

R. Le *point interrogant* se met à la fin des

phrases qui expriment une interrogation.

EXEMPLE :

Est-ce assez? dites-moi ; n'y suis-je point encore?
Nenni. — M'y voici donc ? — Point du tout. — M'y
   voilà?

      (LA FONTAINE.)

D. Quel est l'usage du point exclamatif?

R. Le *point exclamatif* se met à la fin des
phrases qui expriment la surprise, la ter-
reur, etc., ou après une interjection.

EXEMPLE :

Que vous êtes joli ! que vous me semblez beau !

Vous chantiez ! j'en suis fort aise.

Eh ! ne voyez-vous pas, dit-elle, etc.

Hélas! on voit que de tout temps
Les petits ont pâti des sottises des grands.

      (LA FONTAINE.)

Des parties du Discours.

D. Qu'est-ce que faire les *parties du discours ?*

R. On entend par faire les *parties du*

discours ou *l'analyse grammaticale*, expliquer un discours mot à mot, en marquant sous quelle partie du discours chaque terme doit être rangé, et en rendant compte de la manière dont il est écrit d'après les règles de la Grammaire.

Sujet d'analyse grammaticale.

Écoutez, enfants, les avis de votre père, et suivez-les, afin que vous soyez sauvés; car Dieu a rendu le père vénérable aux enfants, et il a affermi sur eux l'autorité de la mère. Celui qui honore sa mère, est comme un homme qui amasse un trésor : celui qui honore son père, recevra lui-même de la joie de ses enfants, et il sera exaucé au jour de sa prière. Celui qui craint le Seigneur, honore son père et sa mère, et il servira, comme ses maîtres, les auteurs de ses jours (*Ecclés.*).

Analyse.

Écoutez,	Verbe act. 1re conj. en *er*, à la 2e pers. plur. de l'impér.
enfants,	S. m. pl.
les	Art. pl. des deux genres.

avis	S. m. pl.
de	Prép.
votre	Adj. poss. sing. des deux gen.
père ,	S. m. sing.
et	Conj. copul.
suivez-	V. a. 4ᵉ conj. en *re* , à la 2ᵉ per. pl. de l'impér.
les ,	Pron. rel. plur. des 2 genres.
afin que	Conj. causat.
vous	Pron. de la 2ᵉ pers. plur.
soyez	V. aux. *être* , à la 2ᵉ pers. pl. du présent du subj.
sauvés :	Part. passé , m. pl. s'accorde avec son suj. *vous* pour *enfants* , 1ʳᵉ règle.
car	Conj. caus.
Dieu	S. m. sing.
a rendu	V. act. *rendre.* , 4ᵉ conj. en *re* , au prét. indéf. 3ᵉ pers. sing.
le	Art. simple m. s.
père	S. m. sing.
vénérable	Adj. sing. des 2 genres. Il qualifie père.
aux	Art. composé pour *à les* , pl. des 2 genres.

enfants,	S. m. pl.
et	Conj. cop.
il	Pron. pers. m. s.
a affermi.	V. act. *affermir ,* 2ᵉ conj. en *ir,* au prét. indéf. 3ᵉ pers. sing.
sur	Prép.
eux	Pron. pers. m. pl.
la	Art. simple f. s.
autorité	S. f. s.
de	Prép.
la	Art. simple f. s.
mère.	S. f. s.
Celui	Pron. dém. m. s.
qui	Pron. rel. des 2 g. et des 2 nom.
honore	V. a. 1ʳᵉ conj. en *er ,* 3ᵉ pers. sing. du prés. de l'ind.
sa	Adj. poss. f. s.
mère,	S. f. s.
est	V. *être ,* 3ᵉ pers. sing. du prés. de l'ind.
comme	Adv. de comp.
un	Adj. numéral m. s.
homme	S. m. s.

qui	Pron. rel. des 2 genr. et des 2 nomb.
amasse	V. a. 1ʳᵉ conj. en *er*, au prés. de l'ind. 3ᵉ pers. du sing.
un	Adj. num. m. s.
trésor	S. m. s.
celui	Pron. dém. m. s.
qui	Pron. rel. des 2 g. et des 2 n.
honore	V. a. 1ʳᵉ conj. en *er*, au prés. de l'ind. 3ᵉ pers. sing.
son	Adj. poss. m. s.
père,	S. m. s.
recevra	V. a. 3ᵉ conj. en *oir*, au futur simp. 3ᵉ pers. du sing.
lui-même	Pron. pers. m. s.
de	Prép.
la	Art. simple f. s.
joie	S. f. s.
de	Prép.
ses	Adj. poss. plur. des 2 genres.
enfants,	S. m. p.
et	Conj. cop.
il	Pron. pers. m. s.
sera	V. aux. *être* au fut. simp. 3ᵉ pers. sing.

exaucé	Part. passé m. s. (il s'acc. avec le nomin. *il* , 1re règle.)
au	Art. comp. pour *à le* , m. s.
jour	S. m. s.
de	Prép.
sa	Adj. poss. f. s.
prière.	S. f. s.
Celui	Pron. dém. m. s.
qui	Pron. rel. des 2 g. et des 2 n.
craint	V. a. 4e conj. en *re* , au prés. de l'ind. 3e pers. sing.
le	Art. simple m. s.
Seigneur,	S. m. s.
honore	V. a. 1re conj. en *er* , au prés. de l'ind. 3e pers. s.
son	Adj. poss. m. s..
père	S. m. s.
et	Conj. cop.
sa	Adj. poss. f. s.
mère ,	S. f. s.
et	Conj. cop.
il	Pron. pers. m. s.
servira ,	V. a. 2e conj. en *ir* , au futur simp. 3e pers. sing.
comme	Adv. de comp.

ses	Adj. poss. plur. des 2 genres.
maîtres,	S. m. pl.
les	Art. simple plur. des 2 genr.
auteurs	S. m. p.
de	Prép.
ses	Adj. poss. pl. des 2 genres.
jours.	S. m. p.

TABLE

DES CHAPITRES.

FIN DE LA TABLE.

www.ingramcontent.com/pod-product-compliance
Ingram Content Group UK Ltd.
Pitfield, Milton Keynes, MK11 3LW, UK
UKHW020209130726
13696UKWH00002B/799

A PROPOS

DE

L'ÉPIDÉMIE

DE

SAINTES

PAR

CH. AUGER

PRIX : **50** CENTIMES

SAINTES

IMPRIMERIE LOYCHON ET RIBÉRAUD

5, Rue de la Comédie, 5

1883